Claire Avalon

Die Weiße Bruderschaft

EL MORYA

Was ihr sät,
das erntet ihr!

Die Abbildung von EL MORYA stammt von Armando de Melo, bei dem wir uns herzlich für die Verwendung des Bildes bedanken.
Dieses Bild und andere Bilder der Aufgestiegenen Meister sind erhältlich bei:
Armando de Melo, Schleißheimer Str. 220,
80797 München, Fax: 089.30 80 646.

Bitte fordern Sie unser kostenloses Verlagsverzeichnis an:

Smaragd Verlag
In der Steubach 1
57614 Woldert (Ww.)
Tel: 02684.978808
Fax: 02684.978805
E-Mail: info@smargd-Verlag.de
www.smaragd-verlag.de

Oder besuchen Sie uns im Internet unter der obigen Adresse.

Deutsche Erstausgabe 1998
Vierte Auflage 2003
Cover: Claire Avalon/XPresentation, Boppard
Satz: DTP-Service-Studio, Rheinbrohl
Druck: Kossuth Printing, Budapest
ISBN 3-926374-59-4

Claire Avalon

Die Weiße Bruderschaft

EL MORYA

Was ihr sät, das erntet ihr!

Smaragd Verlag

Über die Autorin

Claire Avalon beschäftigt sich seit vielen Jahren mit den Fragen des spirituellen Wachstums dessen, was einen Menschen einzigartig macht - der Seele. Vor etwa zehn Jahren, nach einer ganz normalen irdischen beruflichen Karriere, begann dann, wie bereits im Vorwort erwähnt, eine Entwicklung, die deutlich zeigte, daß sich hinter allem Geschehen eine unvorstellbare Intelligenz höherer Ordnung verbergen mußte, die man nicht mehr als Zufall bezeichnen konnte.
Nach einer langen Zeit der Prüfung und des Loslassens von Menschen und Materie, aber immer unter der Berücksichtigung ihres freien Willens, erkannte sie dann deutlich die Notwendigkeit ihrer Arbeit im Dienste der Menschen.
Heute arbeitet sie in Einzelsitzungen als Medium der Großen Weißen Bruderschaft mit Menschen, die sich selbst mit allen Unvollkommenheiten, aber auch Fähigkeiten in all ihrer irdischen Schönheit im Spiegel der Erkenntnis betrachten wollen. Neugier ist unangebracht, denn diese Form der Unterhaltung mit der hohen geistigen Ebene setzt eine spätere intensive Bewußtseinsarbeit voraus.
Parallel dazu entstand dieses erste Buch. Nach einem langen und steinigen Weg der Vertrauensprüfung gilt ihr besonderer Dank Mara Ordemann, die sich begeistert und spontan für die Veröffentlichung des Buches entschied.

Inhalt

Einführung 7
Vorwort von EL MORYA 13

1. Karma und Erlösung durch Kontaktaufnahme mit der Weißen Bruderschaft 17
2. Hilfsmittel bei der Erlösung von Karma 19
3. Karma und Krankheit 20
4. Karma als Heilung im Irdischen 24

Karma und

5. ... Gewalt 28
6. ... Kinder 34
7. ... Sucht 41
8. ... Familie 45
9. ... neue Lebensabschnitte 51
10. ... Schulung im Jenseits 55
11. ... Reinkarnationstherapie 60
12. ... die Herausforderungen des Schicksals 66
13. ... Wiedergeburt 69
14. ... Krisengebiete 76
15. ... erwählte Aufgaben 82
16. ... die Angst vor dem Tod 86
17. ... Talente aus früheren Leben 91
18. ... Führungsqualitäten 97
19. ... geistige Hilfe 102
20. ... erhöhte Wahrnehmung 108
21. ... Tagesbewußtsein 114
22. ... der Sinn des Lebens 119
23. ... das Wohl der Allgemeinheit 125
24. ... Hörigkeit 131
25. ... Jahresereignisse 135
26. ... irdische Ohnmacht 139
27. ... Zwangsmaßnahmen 144
28. ... Todesahnung 148
29. ... feinstoffliche Veränderungen 152

30. ... irdische Besitztümer 158
31. ... besondere Talente 162
32. ... Jenseitskongresse 168
33. ... Liebesbeziehungen 171
34. ... Mutterschaft 176
35. ... Heilung 182
36. ... irdische Schuld 188
37. ... Inkarnationen auf anderen Planeten 192
38. ... seine Erlösung in der Schlafphase 195
39. Geistiges Karma 200
40. Die irdischen Möglichkeiten der Karmabearbeitung 204
41. Die irdischen Formen der Karmaerlösung 209
42. Karmaerlösung auf geistiger Ebene 215

Nachwort von EL MORYA 235
Über den Aufgestiegenen Meister EL MORYA 237

EINFÜHRUNG

Liebe Leserinnen und Leser,

es liegt mir sehr am Herzen, zu diesem Buch ein paar klärende Worte meinerseits zu sagen.

Dieses Buch wäre niemals entstanden, hätte ich es mit meinem menschlichen Tagesbewußtsein verfassen müssen. Ich bin ein Mensch wie jeder andere, und so gibt es auch für mich Dinge zwischen Himmel und Erde, die sehr schwer zu begreifen und, vor allem, zu erklären sind. Es hat sehr lange gedauert, bis ich bereit war, mich einer Führung oder, sagen wir, einer inneren Stimme anzuvertrauen, deren Ausdrucksweise mir zunächst nicht vertraut, die aber dennoch liebevoll und teilweise überraschend deutlich war.

Begonnen hat mein Weg auf sehr einfache und nachvollziehbare Art und Weise. Wie viele andere Menschen interessierte ich mich zunächst für die grundlegenden Dinge im spirituellen Bereich. Ich beschäftigte mich mit einschlägiger Literatur, war jedoch sehr vorsichtig bei der Auswahl, da mich nicht alles überzeugen konnte. Nach ein paar Jahren lernte ich einen schweizer Geistheiler kennen, dem ich meine ersten Schritte auf dem Weg meiner Entwicklung verdanke. Es war eine harte Zeit der Erkenntnis, aber ich merkte auch, daß langsam aber sicher eine Veränderung ihren Lauf nahm, die mich immer mehr befähigte, meiner inneren Stimme zu folgen. Es machte mir Freude, zu spüren, daß da etwas sein mußte, das sich intensiv darum bemühte, mir meinen Weg zu bahnen, ohne mich jedoch in geringster Weise gegen meinen Willen zu beeinflussen. So wurde ich ganz liebevoll an meine Arbeit mit der Großen Weißen Bruderschaft her-

angeführt. Ich durfte immer entscheiden, ob ich mich einen Schritt weiter vorwagen wollte oder nicht.
Dann lernte ich, daß es einen Lebensplan geben mußte, in dem alles vorgesehen ist, was die Seele zu erreichen hat. Allerdings mußte ich auch erkennen, daß all dies nicht so einfach vonstatten ging, da ich nicht alleine auf der Welt war. Ich hatte es mit anderen Menschen zu tun, die, wie ich, ihren freien Willen hatten, und genau die machten mir grundsätzlich einen Strich durch die Rechnung. Es dauerte ziemlich lange, bis ich begriff, daß all diese Querelen und Kleinkriege ganz einfach mit dem Wort „KARMA" zu umschreiben sind. Sicherlich hatte ich viel darüber gelesen, aber Theorie und Praxis sind immer verschieden. Auch ich drehte mich wie ein Hamster im Rad meines Daseins, versuchte ständig, die Richtung zu wechseln, beweinte den Mißerfolg, freute mich über kleine Erfolge, und wurde wieder enttäuscht, warf alles hin, um dann doch wieder weiterzumachen.
Nach einer Zeit der Reifung beschloß ich, den mühsameren Weg zu gehen und gewisse Dinge zu hinterfragen. Die Hilfe blieb nicht lange aus. Ich lernte eine mir heute liebgewordene Freundin kennen, die sich bestens mit der Reinkarnationsanalyse auskannte. Schwere Zeiten lagen vor mir. Das hatte ich schnell erkannt. Der kleine Teufel in mir, der mich immer wieder anflehte, doch alles ruhen zu lassen, hatte keinen Erfolg. Es ging ihm an den Kragen. Als meine Erkenntnisse zunahmen und mein Weg immer deutlicher wurde, erkannten immer mehr Menschen, daß sich bei mir ein klarer Kanal zu einer geistigen Ebene gebildet hatte, die gerne bereit war, ihnen bei der Erfüllung ihres Lebensplanes zu helfen. Was jedoch zum Leidwesen einiger ausblieb, war die Erteilung eines Rezeptbuches, das ihnen jeden Schritt vorschrieb, möglichst unter Androhung von Maßregeln, damit sie ja

nicht mehr vom Weg abkamen und auf der Stelle erleuchtet würden. Viele wunderten sich, daß ich ein ganz normaler Mensch war, ohne weiße Gewänder und Sandalen, den Blick klar und deutlich nach vorne und nicht nach oben gerichtet. Man fand mich nirgends auf einer ESO-Messe, in keinem Seminarhaus - um Erleuchtungswillige buhlend. Nein, ich saß in einem kleinen saarländischen Ort in einem zehn Quadratmeter großen Zimmer und machte meine Arbeit, wie es mir vorausgesagt worden war. Diese Tätigkeit war schon einsam genug. Was dann aber als Vorschlag von oben kam, machte mich zunächst nicht zuversichtlicher. Da ich tagsüber als Medium mit Menschen zu arbeiten hatte, sollte ich Nacht für Nacht an meinem Computer sitzen; man wollte mir etwas zum Thema Karma diktieren. Ich dachte zunächst, na ja, ich kann es ja mal versuchen, so viel kann es ja nicht werden. In meiner Vorstellung war dieses Thema sehr schnell abgehandelt. Karma war halt das Prinzip von Ursache und Wirkung. Was dann jedoch kam, sprengte bei weitem meine Erwartungen. Monatelange Sitzungen, denen intensive Meditationen vorausgingen, nagelten mich jede Nacht auf meinen Stuhl drei bis vier Stunden fest. Ich war überhaupt nicht mehr fähig, zu lesen, was ich gerade geschrieben hatte. Das verschob ich auf den nächsten Morgen. Die Wahrheiten, die mir dann jedoch begegneten, waren für mich nicht leicht zu verstehen. Aber die Wahrheit ist meistens ernüchternd, bar jeder Art von Beschönigung, Verniedlichung und Blümchenmalerei.

Ich denke, es fällt jedem Menschen schwer, gelegentlich in den Spiegel zu schauen, sich zuzunicken und zu sagen: „Oh ja, auch ich mache Fehler, und langsam erkenne ich ihre Ursache.“ Deshalb hat mich dieses Werk des aufgestiegenen Meisters EL MORYA, das er

mir in einer liebevollen, aber in der für ihn bekannten direkten Art und Weise diktierte, anfangs sehr überrascht. Aber alle, die ihn kennen, die bereits anderweitig seine Worte lesen konnten, wissen, daß das seine Art zu sprechen ist. Für ihn und seine Brüder und Schwestern ist es an der Zeit, die Menschen aufzuwecken, sie aufzurütteln, damit sie sich selbst kennenlernen. Denn nur wer sich selbst kennt, ist in der Lage, sich selbst zu lieben und Liebe für jeden und alles zu empfinden.
Immer wieder hört und liest man in der letzten Zeit, daß wir alle kein Karma mehr zu erlösen hätten. Das ist für meine Begriffe eine Vereinfachung unserer Lebensumstände, die lediglich zum Stillstand führen kann. Sicherlich wird es von der geistigen Ebene nicht befürwortet, aus Neugier durch alle Inkarnationen zu spazieren. Dafür ist keine Zeit mehr. Aber das, was uns im Jetzt hemmt, lähmt oder vielleicht sogar krank macht, ist es wert, durch die Brille des Karmas zu betrachten, damit es verstanden und dann aufgelöst werden kann.

Ich danke meinem Freund und Meister EL MORYA für die wunderschöne Zeit unserer Zusammenarbeit, die mein Leben bereichert und lebenswert gemacht hat. Es macht mir Freude, anderen auf diesem Weg zu helfen. Mögen viele Leserinnen und Leser Interesse an diesem Buch finden, mögen sie alle Aussagen immer unter dem Aspekt des Karmas betrachten, sie überprüfen und, ihrem freien Willen entsprechend, beherzigen.
Auch danke ich meiner Familie, die mich immer unterstützt und verstanden hat, und allen meinen Freunden, die mich darin bestärkt haben, diesen einsamen Weg zu gehen.

Claire Avalon

VORWORT VON EL MORYA

Liebe Leserinnen und Leser,

es ist mir ein Bedürfnis, als Verfasser dieses Werkes einige Worte an alle zu richten, die sich mit dem Inhalt nicht nur vertraut machen, sondern sich damit auseinandersetzen möchten. Zunächst ein paar Worte zur Weißen Bruderschaft.

Die Weiße Bruderschaft ist ein Verbund von Seelen, die sich im Laufe ihrer Evolution so weit entwickelt haben, daß sie auf eine weitere irdische Inkarnation verzichten dürfen. Das heißt: Wir alle haben im Laufe unserer Inkarnationen soweit Fortschritte gemacht, daß es uns freigestellt wurde, nochmals zu inkarnieren oder von der geistigen Ebene aus den Seelen zur Seite zu stehen, die sich aus karmischen Gründen oder auch freiwillig mit dem irdischen Leben auseinandersetzen müssen und wollen. Wir haben die Kette unserer Inkarnationen allerdings abgebrochen, da wir aus Gründen der Evolution die Notwendigkeit gesehen haben, von der geistigen Ebene aus zu agieren. Wie viele in der Zwischenzeit wissen sollten, steht ein neues Zeitalter bevor, das gravierende Veränderungen im Denken und auch im Handeln notwendig macht, damit sich der Plan der Menschheit und von Mutter Erde auch nur ansatzweise erfüllen kann. Demzufolge ist es für uns auf der geistigen Ebene einfacher, dort durch Impulse und Aspekte einzugreifen, wo gerade Hilfe benötigt wird. Wären wir wieder in einem irdischen Körper zu Hause, so könnten wir wie alle Menschen nur dort unser Werk tun, wo wir uns gerade befinden, während wir in unserem geistigen Zustand unsere Energie und Hilfestellung universell verbreiten und nutzen können.

Gewiß fällt es immer noch vielen Menschen schwer, sich vorzustellen, daß es eine Kommunikation zwischen Geist und Materie geben kann, die weder akustisch noch visuell wahrnehmbar ist. Dies können und wollen wir nicht beweisen. Auch ist es nicht die Aufgabe aller Menschen, sich mit der direkten Kommunikation zu beschäftigen. Jedes Individuum hat seine spezielle Lebensaufgabe. Ein Mensch, der zum Kanal zwischen der geistigen und der irdischen Ebene wird, ist dafür geboren. Diese Aufgabe wurde bereits vor der Inkarnation übernommen, gleichzeitig wurden die physischen und psychischen Voraussetzungen dafür geschaffen. Die wahre Aufgabe eines Menschen ist nicht erlernbar, sie ist vorhanden und sollte im Laufe seiner Evolution erkannt werden.

Nun stellen wir immer wieder fest, daß die Beurteilung vieler kritischer literarischer Werke, die aus der geistigen Ebene stammen, auf den irdischen Verfasser eine gravierende Auswirkung hat. Dies äußert sich sehr häufig in scharfer Kritik, da angeblich gegen allgemein gültige Gesellschaftsnormen, deren Quellen sehr oft nicht mehr nachvollziehbar sind, verstoßen wird. Deshalb möchte ich betonen, daß der Inhalt vieler Werke, die gelegentlich auf Widerstand stoßen, einen ganz bestimmten Sinn erfüllt. Gerade dort, wo sich Widerstand bemerkbar macht, sollte sich der Kritiker fragen, weshalb gerade ihn diese Stelle so verwirrt, während andere sich davon keineswegs betroffen fühlen.

Dieses Buch nun hat den tieferen Sinn, den Leser mit dem Begriff des Karmas so zu konfrontieren, daß er bereit sein möge, das zuzulassen, was ihn persönlich mit seinen Schattenseiten in Verbindung bringt. Er muß es nicht akzeptieren, er soll es für sich bewerten, sollte aber auch dazu bereit sein, sich selbst zu hinterfragen und nicht nur die Quelle des Geschriebenen. Vieles von dem, was wir hier ansprechen, stellt sich so dar, wie es die geistige Ebene sieht, wohlwissend um den Zusammenhang von Ursache und Wirkung. Manches mag sich undurchführbar und utopisch anhören, aber wenn man alle Kapitel speziell unter dem Gesichtspunkt des Karmabegriffes betrachtet, unabhängig davon, ob es der menschliche Verstand begreifen kann oder nicht, dann wird sich eine gewisse Logik zeigen.

Wir stellen nicht den Anspruch auf blinde Akzeptanz, jedoch bitten wir darum, all das, was Widerstand hervorruft, im Spiegel der Erkenntnis zu sehen. Selbst wenn nur ein Teil der Texte dazu beiträgt, Schmerz, Leid, aber auch Positives beim Leser und der Leserin selbst und in der Welt zu begreifen, ist ein großer Schritt getan.

Es ist unser großer Wunsch, auf diesem uns möglichen Weg, nämlich dem der medialen Übermittlung, Zugang zur Seele und zu den Herzen der Menschen zu erlangen. Seid sicher, daß wir euch unendlich lieben mit all unserer Kraft, auch wenn wir euch gelegentlich auf den richtigen Weg zurückschicken müssen.

Gott zum Gruße!

EL MORYA

1. KARMA UND ERLÖSUNG DURCH KONTAKTAUFNAHME MIT DER WEISSEN BRUDERSCHAFT

Karma kann eine Schuld oder ein individuelles Problem sein, die bzw. das im Rahmen der Inkarnation abgetragen wird. Im Leben eines jeden Menschen gibt es nun Zeiten, in denen er Probleme oder Schulden intensiver als sonst spürt. Geht er sinnvoll damit um, erlöst er sein Karma sehr schnell.

Was bedeutet „sinnvoll damit umgehen"? Es bedeutet, er hat Möglichkeiten, Hilfe und karmisches Gehör zu finden. Karma ist nicht da, um zu leiden. Es soll erlebt und verarbeitet werden. Oft gibt es auch positives Karma. Aber das nimmt der Mensch selten wahr. Er interessiert sich nur für die problematischen Zustände. Wie geht er positiv damit um? Karma ist gewollt und notwendig. Wenn der Mensch es so betrachtet, ist es kein Problem mehr. Dann beginnt es schon, positiv zu werden. Liebe ist die menschliche Auflösung des Karmas. Wenn ihr Liebe in alles hineingebt, ist die Erlösung eingeleitet.

Der nächste Schritt ist die Verbindung mit dem inneren Führer. Ist sie geknüpft, kann dieser richtungweisend arbeiten und erlaubt eine intensivere karmische Arbeit. Das heißt, die Erlösung wird forciert, und es kommen Hilfe oder Hilfsmittel auf den Menschen zu, die sonst noch verwehrt wären oder nur mäßig in Erscheinung treten würden. Dann ist es möglich, eine sehr konstruktive Lebensführung zu erreichen. Ihr kommt schneller ans Ziel und erlebt ein erfüllteres Leben. Ihr könnt euren künftigen Erdenwandel erheblich verkürzen.

Nun zu eurer karmischen Verbindung mit uns und mit großen Persönlichkeiten. Unsere gemeinsame Karmaverbindung ist in der Regel uralt und hat sich im Laufe der Zeit bis auf wenige Punkte geklärt. Diese Punkte verbinden uns mit der Menschheit im globalen Sinne,

das heißt, ihr findet Bewußtseinsanteile von uns in euch, die euch veranlassen, bestimmte Dinge zu tun. So erklärt sich, daß jeder eine andere Aufgabe und einen anderen Meister hat. Es handelt sich um Themen, die die ganze Menschheit betreffen und bereits während unserer Inkarnationen global gültig waren. Teilweise habt ihr mit uns gelebt und die Dinge in der Realität verfolgt. Mit diesem Wissen seid ihr wieder inkarniert, um uns bei der Vervollkommnung der Menschheit zu helfen.
Ebenso verhält es sich im Zusammenhang mit großen Persönlichkeiten. Wieviele Menschen meinen, Kleopatra oder Napoleon gewesen zu sein. Niemand war eine dieser Personen in einem anderen Leben, wenn er den Namen erfährt, höchstens ein Anteil von ihnen. Allerdings gibt es Bewußtseinsanteile, die nochmals gelebt werden müssen, um erlöst zu sein. Es kann sich um Angst oder um Erlebnisse handeln, die die betreffende Seele von einem Aufstieg abhalten.

Auf der geistigen Ebene seid ihr alle gleich. Ihr geht in Liebe miteinander um. Bevor eine Seele, die noch viel aufzuarbeiten hat, inkarniert, kann sie sich bereit erklären, für eine andere Seele solche Anteile abzutragen. Es ist ein großes Werk und wird geistig belohnt. Die Seele auf der geistigen Ebene ist euer zusätzlicher Helfer und gibt euch ihre Impulse, die dann im Irdischen an diese Person erinnern. Oft erlebt ihr in Rückführungen aufgrund eurer Vorleben den Tod einer solchen Person. Keine Angst, es ist nur ein Anteil, der erlöst werden will. Ihr könnt viel erleben und erreichen, wenn ihr offen seid für die Impulse aus unserer Ebene. Karma ist im Grunde genommen etwas Gutes.

2. HILFSMITTEL BEI DER ERLÖSUNG VON KARMA

Für die Erlösung von Karma ist sehr oft ein Hilfsmittel erforderlich, das gefunden werden muß. Karma ist immer in irdische Verhältnisse integriert. In der karmischen Erlösungsarbeit gibt es Kernpunkte, die zwischen den Individuen erarbeitet werden müssen. Kein Weg führt daran vorbei. Allerdings gibt es zusätzliche Hilfsmittel, die Heilung oder Hilfe begünstigen können. Diese Hilfsmittel sind in verschiedenen Aspekten verborgen. Ihr sollt sie benutzen, indem ihr sie herausfindet. In der Vorgehensweise liegt der Schlüssel.

Karma gibt euch die Chance, Hilfe zu leisten und Hilfe zu erbitten. Geht auf die Hilfegebenden zu, und ihr findet denjenigen, der im richtigen Moment helfen darf. Er ist gleichfalls der Geheilte, da er karmisch verbunden war, ohne es zu wissen. Durch die Hilfeleistung bei der Karmaerlösung der Individuen ist er in seiner karmischen Beziehung erlöst. Das bedeutet, er wäre später - ohne die Erlösung - in eine karmische Beziehung mit einem der Individuen geraten.
Seht es so: In jeder Hilfeleistung ist eine karmische Erlösung enthalten.
Ihr werdet an den Schlüssel herangeführt. Er ist in der Situation versteckt. Kein anderer kann ihn finden. Ihr müßt lernen zu spüren, in welcher Form er sich zeigt. So lernt ihr, Intuition zu benutzen, um Karma zu erlösen.

Man kann Karma erlösen, indem man Hilfe durch eine Person, eine Sache oder ein Tier erhält, die bzw. das scheinbar als Unbeteiligte in die Situation gerät. Die Person oder das Tier erlöst gleichzeitig eigenes Karma, das erst später in Aktion gesetzt worden wäre. Eine Sache schafft in diesem Zusammenhang die Umstände, in denen Personen oder Tiere agieren können, um Karma zu erlösen.

3. KARMA UND KRANKHEIT

Karma wird körperlich spürbar, indem der Mensch in seiner Gesundheit eingeschränkt oder geschwächt ist. Es ist oftmals so, daß ihr denkt, ihr wäret krank, aber es ist vielleicht nur eine karmische Reinigung der Gelenke oder Zellen. In den Gelenken und Zellen ist ein karmisches Programm angelegt.

Ein Beispiel:
In den Gelenken spiegeln sich alte Verletzungen aus einem früheren Leben wider, die bei gewissen Bewegungen als Schmerzen auftreten. Diese Bewegungen waren damals häufig der Auslöser einer Begebenheit, die zum Karma geführt hat. Wenn ihr einen Schmerz im Gelenk verspürt, ist es häufig so, daß ihr jetzt in einer ähnlichen Situation wie damals seid, und ihr solltet darauf achten, wann der Schmerz erkenntlich wird. Es ist dann notwendig, andere Abläufe ins Leben zu bringen, damit das Karma erlöst wird. Euer Körper zeigt, wo ihr anfangen müßt.

Die Zellen sind Speicher von Gefühlen und Emotionen. Es sind gewisse Informationen, die im Körper zu Krankheiten und eventuell zum Tod führen. Genaue Informationen in Form von Identitätsmerkmalen ergeben sich aus der Diagnose, das heißt, wenn eine Krankheit ausgebrochen ist, wird eine Diagnose gestellt, die dann genauen Aufschluß über gesundheitliche Faktoren gibt. Wenn nun eine Krankheit eine Heilung verspricht, dann ist das Karma erlöst. Voraussetzung ist allerdings, daß die Ursache gefunden wird. Sonst ist eine Folgekrankheit notwendig. Folgekrankheit heißt, das Karma wird erneut in Gang gesetzt. Deshalb ist es wichtig, daß die Ursache gefunden wird. Das geschieht, indem ihr Krankheit, Körper, Geist und Seele vereint und erkennt, wenn diese nicht in Harmonie sind. Es ist ganz einfach, indem ihr leicht in eine Situation hineinkommt, in der ihr eine Krankheit mit anderen Augen seht. Sie hat immer den Zweck, den Körper zu entkräften. Wenn ihr gesund werden wollt, ist es notwendig, Kraft zu erlangen, um die Ursache zu finden. Sie ist in der Zelle gespeichert und hat karmische Hintergründe. Ihr müßt in das frühere Leben gehen und ihre Ursache suchen, indem ihr erkennt, wo und wodurch oder durch wen eine Verletzung oder Kränkung des Herzens stattgefunden hat. Dann ist die Programmierung zunächst aufgehoben, und es ist möglich, die Heilung in Gang zu setzen. Es geht immer nur über die alten Wege eurer karmischen Programmierung. Die Ursache einer karmischen Krankheit liegt also in der Vergangenheit. Heute habt ihr nur Symptome und die Auswirkungen des Karmas. Wenn die Ursache gefunden ist, hat die Wirkung an Kraft verloren und der Mensch die Chance zu gesunden, ohne eine neue Krankheit hervorzurufen. Ist eine Krankheit tödlich, hat man entweder keine Ursache gefunden, oder eine Heilung darf nicht geschehen, da es sich um ein Karma handelt, das in direktem Zusammenhang mit dem Tod steht. Das heißt, eine Krankheit ist nur durch den Tod besiegbar, und das Karma geht dadurch in die Erlösung.

Ihr habt zur Zeit viele Seuchen und Infektionskrankheiten, die unheilbar sind. Laßt euch erklären, wie der Zusammenhang ist. Ihr seid heute in euren Körpern nicht mehr so gesund, wie ihr es einmal wart. Das heißt, ihr habt Zellen und Organe in der Vergangenheit durch eure Lebensführung sehr vernachlässigt. In diesem Jahrhundert ist die Lebensführung derartig ins Negative abgeglitten, daß ihr keine Widerstandskräfte mehr gegen Infektionen habt, die früher auch schon existierten, jedoch keine Chance hatten, sich auszubreiten, da der Mensch gesünder lebte. Sicherlich gab es

Seuchen, die durch die mangelnde Hygiene entstanden. Ihr laßt euch durch eure Lebensführung vergiften. In der alten Zeit konnten die Menschen nur überleben, wenn sie ihre Nahrung mit viel Ernst und Vorsicht genossen. Heute ist es leider gang und gäbe, Dinge zu verzehren, die nicht mehr rein und vor allem ungesund sind. Ihr gebt dem Körper keine Chance, sich in der Form zu ernähren, die er braucht. Ihr esst zuviel Fleisch und Dinge, die euch krank machen. Wenn ihr gesund leben würdet, wären viele Krankheiten nicht existent. Eine Infektion mit einem Virus ist keine karmische Krankheit. Sie hat lediglich eine falsche Lebensführung zur Grundlage, in vielen Fällen Drogenmißbrauch oder ähnliches. Karma in Form einer Krankheit hat immer eine Chance auf Heilung, es sei denn, es muß durch den Tod beendet werden.

Ihr müßt alle sterben, und ihr seht oftmals, daß ein Mensch einfach umfällt und tot ist. Das ist eine Gnade für ihn, denn er hat sein Karma in diesem Leben anders abgetragen. Deshalb solltet ihr nicht erschrecken, wenn ein solcher Tod eintritt, sondern ihn begrüßen. Ihr habt in fast allen Fällen die Möglichkeit, eine Krankheit zu heilen, ohne daran zu sterben. Der Tod in der irdischen Form ist so vorgesehen, daß ihr alle ruhig einschlafen könnt. Aber ihr habt kein Vertrauen in höhere Kräfte, und ihr haltet sehr oft die Krankheit fest. Ihr könnt sie erkennen und euch bemühen, ihre Ursache loszulassen. Dadurch heilt ihr euch selbst. Jede Krankheit hat eine Ursache. Ihr alleine könnt sie herausfinden. Selbst wenn ihr denkt, ihr hättet sie durch eine Untersuchung gefunden, ist es wiederum nur eine äußerliche Diagnose. Ihr müßt in euer Innerstes gehen und euch anschauen, woher die Wurzeln der Krankheit stammen. Dann ist es auf der seelischen Ebene möglich, die physische Ebene zu heilen; zumindest sie zu beeinflussen, denn dann geht die Arbeit erst los. Nicht das Erkennen ist wichtig, sondern die Folgearbeit, mit der ihr euch heilt. Es ist eine Frage der Lebensführung und der inneren Einstellung der Person zu sich selbst, zu anderen und zur Situation, in der er lebt. Wenn alle Faktoren positiv gestimmt sind, hat eine große Veränderung eingesetzt und die Krankheit kann besiegt werden, ohne gegebenenfalls zum Tod zu führen, denn bedenkt: Jeder Tod infolge einer karmischen Krankheit, die hätte geheilt werden können, wird wiederum in der Zelle gespeichert und ist programmiert, so daß sich eine endlose Kette der gleichen Muster bildet, die durch ein gezieltes Arbeiten unterbrochen werden kann. Heilung des Körpers muß immer aus der Seele kommen und auf die Seele hinzielen, damit Körper und Seele im Einklang sind.

4. HEILKRAFT ALS HEILUNG IM IRDISCHEN

Heilkraft ist karmisch angelegt und kann nicht erlernt oder erworben werden. Heilkraft ist ein Gut, das ihr euch über viele Inkarnationen hinweg erworben habt. Nicht jeder kann heilen, sondern nur der, der dafür bestimmt ist. Wenn ihr meint, ihr könntet Geistheilung lernen in einer Schule, dann seid ihr im Irrtum. Wir erkennen die Fähigkeiten, und wir geben in Absprache mit einer karmischen Verfügung die Erlaubnis zu heilen. Ihr habt damit eine große Aufgabe übernommen, die auch eine Karmaerlösung darstellt, denn jeder, der von euch als Heiler Heilung verlangt, hat einen Anspruch darauf und ist berechtigt, euch zu konsultieren, allerdings in irdischer Form, das heißt, indem er Heilung erfährt und dafür eine Gegenleistung erbringt. Ihr seid in eine materielle Welt gegangen, in der ihr nicht von Glückseligkeit und Liebe allein leben könnt. Manche meinen, daß jeder, der in göttlicher Mission tätig ist, seine Dienste umsonst anbieten muß. Das ist falsch, denn wie soll er sich ernähren? Er kann im günstigsten Falle keine weltliche Beschäftigung mehr ausüben. Natürlich muß alles im Rahmen bleiben.

Die karmische Leistung des Heilers liegt darin, daß er seine Energie als Kanal zur Verfügung stellt. Heilung ist eine Gabe, die aus Heilkraft in den Händen oder aus einer Tätigkeit als Medium besteht. Ihr müßt wissen, daß der Heiler oder das Medium sehr viel Energie spendet, um den Suchenden zur Hilfe zu kommen. Dabei ist wichtig zu bemerken, daß seine Energie durch Ruhe und Ernährung wieder aufgebaut wird. Deshalb ist es wichtig, diese Menschen nur zu beanspruchen, wenn es notwendig ist, da sie sonst nicht geerdet sind und ihr Körper nach und nach verfällt. Heilung zu erfahren bedeutet nicht eine Konsultierung des Heilers wie bei einem Arzt. Heilung im Sinne der Geistheilung verlangt viel Disziplin und Eigenarbeit des Suchenden. Er muß bereit sein, viel für sich und sein Wohl zu tun. Vieles entspricht nicht der weltlichen Norm, über die er sich hinwegsetzen muß. Es ist anzunehmen, daß mancher in seiner Umgebung nicht mehr ernst genommen wird. Es sind Prüfungen, inwieweit ihr heute bereit seid, euch zu offenbaren und zu einer geistigen Form der Heilung zu stehen. Wir haben uns bereit erklärt, der Menschheit in Form von Heilung durch unsere Medien zu helfen.

Allerdings verlangen wir dafür auch Einsatz und Mitarbeit der Hilfesuchenden. Es ist so, daß viele suchen und nur wenige zur Zeit den Weg finden. Dies wird sich ändern, wenn Erfolge sichtbar werden. Dann ist es erforderlich, daß jeder, der Heilung sucht, schnellstmöglich ans Ziel gelangt. Dies wiederum erfordert intensive Mitarbeit und Disziplin, denn es wird keine Zeit mehr sein, ständig Sitzungen und Therapien zu machen, da die Massen zu groß sind. Jeder ist gezwungen, an sich zu arbeiten und die Impulse aufzunehmen, die sonst das Medium übermittelt. Seht es so, daß die Suchenden durch die Erstheilung- oder -sitzung eine Art Eintrittskarte in die geistige Schule erhalten und dann selbst Unterricht nehmen müssen. Wir stehen bereit, um zu schulen. Laßt euch erklären, was zu tun ist, und geht den Weg. Zu viele sind noch blind und haben noch keine Schritte getan.

Nächster Punkt: Die Auswirkungen der Lichtarbeit im Sinne des Karmas. Ihr seid durch den Kontakt mit uns in einen Kreislauf eingestiegen, der erfordert, daß ihr euch weiterbewegt. Ihr seid angehalten, kontinuierlich an euch zu arbeiten und vorwärtszugehen. Wir haben keine Zeit mehr für lange Pausen. Ist der erste

Schritt getan, setzen wir eine intensive Arbeit an euch voraus. Ihr seid erwachsen und eigenverantwortlich. Wenn wir allerdings bemerken, daß ihr stehenbleibt oder euch abhängig macht von den Helfern unsererseits im Irdischen, müssen wir dafür sorgen, daß ihr merkt, daß etwas nicht stimmt. Dann involvieren wir euch in Gegebenheiten, die oftmals als Druck oder unglückliche Zufälle bezeichnet werden. Es ist keine Strafe, sondern nur ein Wachrütteln, damit ihr nicht stehenbleibt in eurer Evolution. Irdische Karmaerlösung ist eine schwerwiegende Angelegenheit und muß forciert werden, damit die Neuzeit anbrechen kann. Wer nicht rechtzeitig umsteigt, wird entsprechend seines Zustands in einer Sphäre der Weiterbildung landen. Es wird eine Auslese stattfinden müssen, die allerdings niemandem schaden, jedoch Gruppierungen bilden wird, die verhindern, daß nochmals solche Zustände herrschen wie zur Zeit. Es ist eure eigene Entscheidung, wo ihr am Ende steht. Ob ihr belohnt werdet und in eine hohe Sphäre geht, oder ob ihr in einer Sphäre lebt, in der ihr geschult werden müßt. Ihr habt euer Schicksal in der Hand, und es ist unser Wunsch, daß wir euch alle in unserer Sphäre begrüßen können. Heilung durch den Geist ist eine wertvolle Gabe, die nicht unterschätzt werden darf. Unsere Medien erhalten den größtmöglichen Schutz, auf ihrem Gebiet zu arbeiten. Ihr solltet ihnen vertrauen und ihnen zeigen, daß ihr sie ernst nehmt. Dann ist unser Lohn gezahlt. Wir brauchen keine materiellen Güter, wir sind zufrieden mit eurer Liebe.

5. KARMA UND GEWALT

Gewalt in euren Sphären ist eine Begleiterscheinung eurer Evolution, die sich in unterschiedlichen Phasen und Epochen ausdrücken und erleben läßt. Für euch ist Gewalt etwas Erschreckendes und Negatives, und sie löst Angst und Entsetzen aus. Für uns gehört Gewalt zum irdischen Leben ebenso wie Liebe und Verständnis. Laßt es mich so erklären: Gewalt vollzieht sich dort mit der ihr eigenen positiven Auswirkung, wo sie aus karmischen Gründen unerläßlich und vorgesehen ist. Sie ist ein Bestandteil dieses Lebens und muß sowohl erlebt als auch erfahren werden. Diese Tatsache stößt sehr oft auf Unverständnis eurerseits, da ihr euch nicht vorstellen könnt, daß Gott dies zuläßt. Er muß es zulassen, da ein solches Karma nur erlöst werden kann durch die Wiederholung einer Form der Gewalt. Diese Wiederholung vollzieht sich so, daß das heutige Opfer der frühere Täter war, und der frühere Täter das Opfer. Oft ist nur der Anlaß der gleiche, und die Tat an sich hat eine andere Ausdrucksform. Sie ist sozusagen moderner. Die einzige Möglichkeit, diese Wiederholungskette zu unterbrechen, ist die Liebe. Hierauf wird in dem Kapitel „Karma und Reinkarnationstherapie" noch intensiver eingegangen. Gewalt vollzieht sich ja nicht nur in körperlicher, sondern oft auch in seelischer Form. Wir wissen, wie schwer es euch oft fällt, diese Dinge als gegeben hinzunehmen und die Tragweite der Ereignisse einzuschätzen. Jemand, der sein Leben lang mental mißbraucht und gequält wird, hat in einem früheren Leben oft fast sein ganzes Leben damit verbracht, andere ungerechterweise hinter Gitter zu bringen oder ihnen Geständnisse abzuringen, die niemals der Wahrheit entsprachen. Seelische Gewalt ist im Grunde genommen eine stärkere Bestrafung als die körperliche Gewalt, da sich die körperliche Gewalt oft auf einmalige Vorkommnisse oder Ereignisse bezieht, die zum Tod geführt haben. Das sind dann in der Regel karmische Erlösungen für frühere Morde oder Prügeleien. Gemetzel aller Art werden häufig durch Massenschlägereien oder auch Kriege erlöst.

In diesem Zusammenhang einige Worte zum Thema Krieg: Krieg ist, für euch unverständlicherweise, eine karmische Aufgabe. Hier treffen sich ganze Massen, die sich bereits früher zu solchen Taten versammelt und diese bislang nicht gesühnt hatten. Ihr alle wart einmal in solche Taten involviert, habt es aber vielleicht schon durch andere Kriege gesühnt. Bevor ihr inkarniert, wißt ihr bereits, daß in eurem Heimatland unter Umständen ein Krieg ausbrechen wird, wenn ihr im wehrfähigen Alter seid. Es steht euch frei, ob ihr dann dort in dieses Leben hineingeht oder nicht. Ihr könnt auch noch warten und ein anderes Schicksal wählen, aber gesühnt werden muß eure Tat. Daraus resultiert auch oft die Euphorie, die sich bei den Soldaten breit macht, wenn sie im Kampf sind. Krieg bedeutet immer Vernichtung und viel Leid und Schmerz. Aber alles war schon einmal da. Und die, die heute siegen, waren früher oftmals die Verlierer. Auch alle Begleiterscheinungen wie Hunger, Not und Vergewaltigung sind nicht neu. Die Kinder, die aus solchen Taten entstehen, sind Seelen, die heute für den Wiederaufbau bestimmt sind. Sie sind in früheren Zeiten desertiert und haben sich vor bestimmten Dingen gedrückt. Sie sind Kinder der Gewalt und sollen die Erinnerung ins Positive umkehren. Deshalb sollte keine solche Seele umgebracht bzw. abgetrieben werden, da sie ihr Ziel dann nicht erreicht. Jede Gewalt ist menschlich, und zwar nur menschlich. Sie existiert nur im Irdischen und kann auch nur dort wieder erlöst werden.

Für die Sühne der Gewalt gibt es im Geistigen keine Möglichkeit. Die Seele kann im Geistigen nur bereuen und dann zur Erlösung wieder inkarnieren. In diesem Moment kehrt sich die Opfer-Täterrolle um. Sicherlich ist es euch oft unbegreiflich, daß ein wehrloses Kind von einem Erwachsenen im Vollbesitz seiner geistigen Kräfte getötet oder mißbraucht wird. Es ist aber so, daß sich Opfer und Täter für die Durchführung der Tat oder der Erlösung nur einmal für einen solchen Moment treffen. Das heißt, in diesem Moment wird das alte Programm im Gehirn aktiviert und die ganzen Umstände sind so geartet, daß sich die Tat als solche anbietet. Sicherlich können sich solche Taten wiederholen, allerdings in der Minderheit der Fälle, da die Erlösung, mit Ausnahmen, in der Regel an eine Person gebunden ist. Manchmal sind auch mehrere Personen an einer Tat beteiligt, die dann auch früher bereits involviert waren. Ist der Zeitpunkt gekommen, werden sie zur Ausübung zusammengeführt. Dadurch werden mehrere Taten verhindert, die sonst notwendig wären. Das Aufkommen von Gewalt ist zunächst als vom Unterbewußtsein gesteuerte Maßnahme zu sehen, um das aktiv werdende Negativkarma ins Positive umzuwandeln, wobei dies nur als Akt zu sehen ist, der von Emotionen gelenkt und bestimmt wird. Die Menschen, die sich begegnen, können durch die Programmierung ihres Gehirnes nicht positiv zueinander stehen, auch wenn sie es versuchen. Es funktioniert nur eine gewisse Zeit, dann kommt Streit oder Mißgunst auf, und das Programm nimmt seinen Lauf. Durch Wiedereinsetzung des Negativen in der Umkehrrolle wird das Karma positiv, das heißt ausgeglichen. Es kann niemals passieren, daß ein Unbeteiligter darunter leidet. Das sieht nur so aus. Alle Beteiligten und alle, die unter den Folgen leiden, haben ihr Karma ausgeglichen in der ihnen eigenen Form, wobei zur letztendlichen Erlösung immer wieder die Liebe notwendig ist. Sie muß immer stärker sein als die Emotionen.

Ihr steckt einen Dieb oder Mörder, jeden Verbrecher ins Gefängnis. Das ist eure gerechte Strafe, wie ihr meint. Was ist es in Wirklichkeit? In Wahrheit habt ihr Angst vor dem Täter. Ihr habt Angst davor, ihm selbst gegenüberzustehen und dann sein Opfer zu werden. Dies kann nur geschehen, wenn ihr mit ihm karmisch verbunden seid. Durch die herkömmliche Gefängnisstrafe hindert ihr die Täter daran, wieder in eine normale Lebensführung zurückzukehren. Oftmals weiß er zum Zeitpunkt der Tat gar nicht, daß er ein Verbrechen vollzieht. Das heißt bei euch dann geistige Verwirrung. Die nächste Etappe ist dann die Nervenheilanstalt. Es gibt Täter, die im Moment der Tat tatsächlich in eine geistige Verwirrung verfallen, da sie sonst die Tat gar nicht vollziehen könnten, wegen ihres Gewissens. Danach ist ihr Geist wieder vollkommen klar und gerät oft unter dem Druck der Anklage wieder in die Verwirrung. Beim Täter macht sich dann eine gewisse Ohnmacht breit, die sehr oft zum Selbstmord führt und damit wieder ein Karma auslöst. Wir wissen, wie schwierig es ist, eine Gewalttat zu erklären. Gott liebt keine Gewalt, aber er muß sie zulassen, da sie nur eine Wiederholung alter Muster ist. Das früher Negative wird positiv, sobald die Liebe über die Emotionen herrscht, so schwer es auch zu begreifen ist. Wir haben jedoch Verständnis dafür, daß ihr die Täter vor der Allgemeinheit in Sicherheit bringt. Wir wollen auch nicht dafür sprechen, jeden Mörder, wie ihr jemanden nennt, der tötet, zu loben ob seines Mutes, sein Karma zu erlösen. Ihr habt momentan keine andere Möglichkeit des Schutzes, da euer Gerechtigkeitsempfinden auf diesem Schutzbedürfnis basiert.

Dankbar sind wir allerdings für die Abschaffung der Todesstrafe, denn die Todesstrafe hat logischerweise zu neuem Karma geführt. Das bedeutet, jeder, der in einem Leben die Todesstrafe vollzogen bzw. ausgeführt hat, war einst ein Täter und wird heute Opfer. Es ist ein ganz einfaches Prinzip des Ausgleichs. Jeder, der Hand an andere gelegt hat, in welcher Form auch immer, wird später zum Opfer. Dies gilt auch dann, wenn er glaubte, nur im Sinne der Rechtsprechung zu handeln und seinen Beruf auszuüben. Niemand hat die Erlaubnis, von Beruf aus zu töten. Jeder, der heute den elektrischen Stuhl bedient, schafft sich neues Karma und endet später in ähnlicher Weise. Für das Einsperren hinter Gittern werdet ihr nicht bestraft, da es für euch, wie bereits erklärt, eine eurem Denken entsprechende Schutzmaßnahme ist. Eure Aufgabe sollte jedoch mehr darin bestehen, diesen Menschen eine erträglichere Haft zu ermöglichen. Hier könntet ihr Arbeitsplätze schaffen. Diese Menschen brauchen mehr Zuspruch und die Möglichkeit, ihre Tat zu verarbeiten. Ihr sagt, ihr müßt sie „beugen", sie müssen ihre Tat bereuen. Das tun sie von selbst. Jedes Individuum hat ein Gewissen. Es ist mit dem Programm verbunden und regt sich zur rechten Zeit. Im Grunde genommen müssen sie ja nichts bereuen, da sie nur im Sinne ihres Programmes gehandelt haben.
Viele werden jetzt sagen, die geistige Welt will jedem Verbrecher ein angenehmes Leben bereiten. Das ist nicht richtig. Ihr müßt lernen zu erkennen, daß hinter jeder Tat eine Ursache steckt, auch wenn sie für euch unerklärlich erscheint. Die Haft an sich ist eine Chance, sich mit dem Täter auseinanderzusetzen und ihm die Chance zu geben, sich zu begreifen. Er ist kein Aussätziger, den man meiden muß. Laßt ihn dort arbeiten, kontrolliert seine Erfolge und behandelt ihn

nicht wie einen Hund, den man in den Zwinger sperrt und zweimal am Tage füttert. Er ist ein Mensch und soll durch die Haft geläutert und liebevoll geführt werden, um später wieder in den Alltag integriert zu werden. Ihr müßt ihn soweit fördern, daß er der sich verändernden Welt gewachsen ist und nach seiner Entlassung nicht durch euer soziales Netz fällt. Die lebenslange Haft ist keine gute Erfindung. Der Mensch wird der Außenwelt entfremdet, und dafür ist er nicht geboren. Es ist vergleichbar mit der früheren Verbannung ins Kloster. Man hat viele Zeitalter lang versucht, sich der Menschen zu entledigen, die unbequem und eigenwillig waren. Wer hat das Recht auf solche Entscheidungen? Wer von euch hat die Macht, das Leben eines anderen Menschen so zu beschneiden, daß ihm jede Möglichkeit fehlt, auch nur einen Herbstspaziergang zu machen? Denkt darüber nach! Wer zuviel entscheidet und urteilt, erfährt das gleiche Schicksal. Ihr dürft nur soweit gehen, wie ihr niemandem schadet. Wer für eine Tat zweimal bezahlt, soll die Chance auf Wiedergutmachung haben.
Wenn ihr denkt, jemand sei euch auf lange Sicht gesehen zu gefährlich, dann laßt euch etwas einfallen, wo ihr diese Menschen unterbringt. Eine Gefängniszelle bis zum Tode gehört ins Altertum und entspricht nicht mehr eurem Niveau. Euer Einfallsreichtum ist immens gewachsen. Jedes Kind wird überhäuft mit modernsten Tüfteleien. Warum seid ihr nicht in der Lage, einem Menschen ein würdiges Leben zu gestalten, auch wenn er in euren Augen Fehltritte getan hat? Baut Heime, die bewacht werden können, aber nicht an Käfige erinnern. Bietet auch diesen Menschen Abwechslung, statt sie dahinvegetieren zu lassen. Dann tragt ihr dazu bei, emotionale Schuld mit Liebe aufzulösen. Man braucht dazu keinen Luxus, vielleicht nur einen Blumengarten, in dem man frische Luft atmen

und Bäume berühren kann, damit man noch Leben spürt. Auch braucht der Betreffende Umgang mit seinen Lieben und den Menschen, die ihn früher als Freunde begleitet haben. Auf diese Weise werdet ihr feststellen, daß ihr letzten Endes niemanden bis zum Lebensende einsperren müßt, da jeder lernen wird, wieder Boden unter den Füßen zu spüren.

6. KARMA UND KINDER

Kinder sind das Ergebnis menschlicher Liebe und werden in eine Beziehung involviert, um dort eine entsprechende Aufgabe zu erfüllen. Diese Aufgabe kann verschiedener Natur sein. Zunächst sind Kinder hilflose Wesen, die aller Fürsorge und Zuneigung bedürfen. Sie sind alleine nicht lebensfähig und ihr Verstand ist noch nicht so ausgebildet, daß sie für sich selbst sorgen könnten. Bereits in diesem Stadium zeigt sich die Verbindung zwischen den Eltern und dem Kind. Es kommt vor, daß Mütter bereits während oder kurz nach der Geburt ihre emotionale Beziehung zu dem Kind verlieren. Dies rührt daher, daß während der Geburt im Unterbewußtsein alte Muster in Gang gebracht werden, die sich auf das Karma zwischen Mutter und Kind beziehen. Die Mutter empfindet erneut alte Ängste, die bereits einmal zur Entzweiung geführt haben. Ihr sprecht dann von einem Geburtstrauma. Dieses Trauma gibt es nicht. Es gibt nur Geburt, kein Trauma. Hier gilt es, alte Muster aufzulösen, die sonst lebenslange Distanz zwischen Mutter und Kind schaffen. Es ist nicht nur damit getan, die Mutter psychologisch zu betreuen. Sie muß erkennen, warum sie das Kind ablehnt. Hier sind die Väter ebenso gefordert. Sie spielen in der Regel in dieser Geschichte ebenfalls eine Rolle, ohne sich dessen bewußt zu sein. Allzu gerne nehmen sie sich aus diesem Dilemma heraus. Auch sie sollten versuchen, den Kern der Sache zu entdecken, da auch in ihrem Unterbewußtsein eine Sperre vorhanden ist, die später in einer gewissen Gefühlskälte ihren Ausdruck findet.

Gott sei Dank gibt es genügend Geburten, die sich in anderer Weise vollziehen. In diesen Fällen beginnt eine normale Aneinanderreihung von Ereignissen und Lebensphasen, die der ganzen Familie zur Karmabe-

wältigung dienen. Habt ihr schon einmal darüber nachgedacht, warum viele Ehepaare in eurer Welt versuchen, eine Ehe durch ein Kind zu retten? Sie sind der irrigen Meinung, durch ein Kind würde sich ihre Beziehung wieder festigen und Probleme wären aus der Welt geschafft. Genau das Gegenteil ist der Fall. Durch diesen Denkfehler im Gehirn werden zwar kurzfristig Momente geschaffen, die die Problematik ermüden, aber die alte Problematik bricht zum geeigneten Zeitpunkt wieder hervor. Das Kind hat in diesen Fällen seinen Part in der Angelegenheit und muß aus diesen Gründen inkarnieren. Zwar rettet es nicht die Ehe, und viele behaupten dann später, die Kinder seien die Leidtragenden. Das ist nicht korrekt, da das Kind in einem früheren Leben in genau die gleiche Problematik mit verwickelt war und heute die notwendigen Impulse für den Karmaausgleich bringen muß, unabhängig davon, welche Probleme dadurch bei ihm selbst ausgelöst werden. Niemand ist in irgendeiner Situation ein Leidtragender, da ihr euch das Leid durch Ursache und Wirkung selbst geschaffen habt.
Warum bemitleidet ihr Scheidungskinder? Es gehört zu ihrer Lebensaufgabe. Zu bemitleiden sind eure Umstände, die dazu führen, daß durch eine Scheidung Lebensangst und Unzufriedenheit auf allen Ebenen entstehen. Euer Versorgungssystem, wie ihr es nennt, ist geradezu prädestiniert dazu, Existenzen in Bedrängnis zu bringen. Was ihr tun müßt, wenn eine Familie auseinanderbricht, ist lediglich, eine Erleichterung der Umstände zu schaffen. Kein Kind darf dadurch benachteiligt werden. Alle Kinder müssen gut versorgt sein und den Tag ohne Sorgen verbringen, ohne etwas zu vermissen. Hört auf, euch darüber zu streiten, wer seine Zeit mit ihnen verbringen darf. Laßt die Kinder entscheiden, was sie tun wollen. Sie treffen intuitiv die für sie richtige Entscheidung.

Wächst nun ein Kind heran, wird es von euch auf eine bestimmte Schiene gebracht oder in eine Uniform gepreßt. Ihr nehmt es nicht ernst als Individuum. Seid versichert, manches Kind ist eine ältere Seele als ihr selbst es seid. Ihr könnt von manchen Kindern sehr viel lernen. Für euch laufen sie eine gewisse Zeit als anonyme Persönlichkeiten in eurem Schatten und haben sich euren Anweisungen zu unterwerfen. Wenn nötig, wird die notwendige Strenge an den Tag gelegt. Durch all diese Unterwerfungsgesten raubt ihr dem Kind die Möglichkeit, sich im Sinne seines Planes zu entwickeln.
Bei Tieren akzeptiert ihr schon eher, daß ihr sie nicht erziehen könnt. Erziehung bedeutet für euch immer noch Zwang, Strenge, und wenn nötig, Gewalt. Erziehung soll eine Anleitung sein, eine Persönlichkeit zu werden und andere zu achten und zu lieben. Durch jede Form der negativen Erfahrung von Erziehung wird im Körper und in der Seele eine Art Schock ausgelöst, der augenblicklich zu Energieblockaden führt, die sich sofort zu den bereits bestehenden Programmen in Zellen und Gelenken gesellen, und dann entsprechende Arbeit leisten. Das bedeutet: Das Uraltprogramm in den Zellen und Gelenken wird noch erweitert durch die zusätzlichen Spuren des Jetzt, und das begünstigt und verstärkt die alten Programme in ihrer Wirkung. Das bedeutet ferner, daß diese Symptome kein zusätzliches Karma darstellen, da der Mensch sie im Grunde genommen nicht selbst verursacht hat, sondern in diesem Moment das Alte durch die Schädigung der Energiezentren aktiviert und intensiviert wird. Durch Schläge beispielsweise, die im Körper Schmerzen und emotionale Reaktionen hervorrufen, stockt der Atem, und der natürliche Atemfluß ist unterbrochen. Diese Unterbrechung (oder auch Hemmung des Atems) geschieht immer wieder in einer ähnli-

chen Situation und begünstigt damit alte Erinnerungen und aktiviert die gleichen Wut- oder Haßgefühle. So wird langsam aber sicher jedes Energiezentrum blockiert und ein natürlicher Atemfluß verhindert. Ist der natürliche Atemfluß geschädigt, werden bestimmte Körperbereiche nicht mehr genügend mit Sauerstoff versorgt; das führt zu Stauungen und als Folge zu Krankheiten oder zumindest Unwohlsein. Diese Symptome verschwinden in der Regel wieder, wenn sich der Mensch im entsprechenden Alter über sich hinaus entwickelt und lernt, sich zu behaupten, wobei eine intensive Eigenarbeit notwendig wird. Ist diese Möglichkeit nicht gegeben, ist eine Therapie erforderlich, in der der Mensch diese vergangenen Ereignisse ebenso beschwerlich aufarbeiten muß wie vergangene Leben. Hinzu kommt die Tatsache, daß gerade die Ereignisse aus dem jetzigen Leben in aller Regel sehr intensiv verdrängt werden, während man sehr schnell bereit ist, an vergangene Leben heranzugehen.

Ihr seht, wie beeinflußbar ein Kind sein kann, wenn man seine Persönlichkeit untergräbt. Genauso verhält es sich mit den frühkindlichen Erfahrungen im Astralbereich. Kinder lösen sich erst mit sieben Jahren ganz vom Astralbereich, da dann der Verstand in eine andere Phase gerät. Bis zu diesem Zeitpunkt sind sie äußerst empfänglich für Impulse aus der geistigen Ebene, die sehr ernst genommen werden müssen. Sie sehen Dinge, die die Erwachsenen verlernt haben zu sehen. In ihren Träumen und außerkörperlichen Erfahrungen gewinnen sie sehr wertvolle Erkenntnisse, die auch für die Erwachsenenwelt von großer Bedeutung sein können. Nehmt ihre Aussagen sehr ernst und gebt ihnen das Gefühl, eine große Tat vollbracht zu haben, wenn sie euch darüber berichten. So lernen sie, die geistige Welt in ihr Tagesbewußtsein zu integrieren, und

die Verbindung dazu bleibt etwas Selbstverständliches.
Gerade Kleinkinder haben ihre „Macken". Ihr betrachtet diese immer als etwas Negatives, das wegrationalisiert werden muß, durch welche Maßnahmen auch immer. Haben gute Worte keinen Erfolg, setzt ihr Strafen ein, um euer Ziel zu erreichen. Diese sogenannten Macken sind jedoch alte Muster, Ängste, Phobien und gleichzeitig Zeichen für euch, daß ihr in dieser Beziehung mit dem Kind ein Karma zu erlösen habt. Das bedeutet, die Macken der Kinder sind gleichzeitig eure Macken. Sie sind nur euer Spiegelbild. Eure Macken sind sie deshalb, weil sie sich in einem früheren Leben ähnlich oder umgekehrt präsentiert haben. Deshalb rufen sie bei euch jetzt Unbehagen oder sogar Wut hervor. Oft könnt ihr feststellen, daß sie für andere Menschen in eurem Umfeld kein Problem darstellen. Und manchmal zeigen die Kinder im Umgang mit anderen Menschen diese Macken überhaupt nicht. Dann solltet ihr in der Lage sein, bei euch nachzuforschen, wodurch die Problematik bei euch ausgelöst wird. Dort liegt dann ein Karma, das nur mit eurer Hilfe aufgelöst werden kann. Macht euch bewußt, daß ein Kind eine große Verantwortung bedeutet. Je mehr Probleme mit Kindern auftauchen, umso größer ist eure Verpflichtung, auch an euch zu arbeiten, da die Kinder zunächst unschuldig und nur euer Spiegelbild sind.

Werden sie nun größer, werden sie gleichzeitig zum Produkt ihrer Vorleben mit euch und anderen Menschen und der bisher gesammelten Erfahrungen. Dann gehen sie automatisch in die Phase, die dann zeigt, ob dieser Mensch in der Lage sein wird, wenigstens Teile seines Karmas zu erlösen, oder ob er sich so sehr mit seinem Jetzt auseinandersetzen muß, daß die alten Leben gar nicht mehr in Angriff genommen werden können. Dies führt dann zum nächsten Dilemma, das den Erdenwandel wiederum verlängert. So hat sich viele Zeitalter ein Leben an das nächste gereiht. Zwar wurde immer mal wieder durch bestimmte Begegnungen ein Karma erlöst, gleichzeitig jedoch neue geschaffen durch Blindheit und Eingebundensein im Jetzt. Gleichzeitig muß berücksichtigt werden, daß der Mensch früher eine geringere Lebenserwartung hatte und dadurch gar nicht in der Lage war, so lange nachzudenken und zu forschen, wie ihr es heute könnt.

So werden Kinder zu Erwachsenen, die dann nicht selten das Leben der Eltern nachleben, weil es als Programm in ihrem Gehirn manifestiert ist. Wie oft werden sie gezwungen, in die Fußstapfen der Eltern zu treten, obwohl ihr Ziel ein ganz anderes wäre. Das Ergebnis ist Verzweiflung und oftmals eine gewisse Teilnahmslosigkeit am allgemeinen Geschehen und am eigenen Leben. Kommen sie dann in Form von Krankheit, psychischer Müdigkeit oder gar Lebensmüdigkeit an ihre Grenzen, wird ihr Leben auf jeder Ebene sehr schmerzhaft. Im günstigsten Falle sind sie in der Lage, sich einer langwierigen Erfahrungsarbeit zu unterziehen, die sie dann auch noch als Strafe betrachten. Der ungünstigste Fall endet mit einem neuen zusätzlichen Karma, das in einem späteren Leben wieder auftauchen wird.

Es gilt einzig und alleine zu erkennen, daß jedes Kind, das sich eurer Familie oder Gemeinschaft zugesellt, eine große Aufgabe darstellt, die ihr zusätzlich übernehmt. Auch für das Kind selbst ergibt sich eine Aufgabe, da auch das Kind Karma abträgt. Allerdings weiß es in den ersten Jahren noch sehr wenig darüber und ist somit auf eure Unterstützung angewiesen. Diese Unterstützung soll führend und nicht zwingend sein. Allerdings solltet ihr in der Lage sein, ab einem bestimmten Zeitpunkt zu spüren, daß ihr es mit einer Seele zu tun habt, die durchaus gleichberechtigt, wenn nicht gar euch überlegen ist. Dann ist eure Akzeptanz gefragt. Jeden anderen Menschen achtet ihr als Meinungsträger und Individuum. Ein Kind bleibt nicht immer Kind, sondern entwickelt sich zur Persönlichkeit aus dem Menschen, der es vom ersten Moment an war. Wenn ihr das erkennt, könnt ihr viel voneinander lernen und euch vielleicht zum letzten Male auf dieser Ebene begegnen.

7. Karma und Sucht

Sucht ist eine Krankheit, die aus der Seele kommt. Sie liegt im Verbund mit seelischer Depression und Abhängigkeit. Ihr unterscheidet verschiedene Süchte, zum Beispiel Alkohol, Drogen, Medikamente usw. Im Grunde genommen ist es vollkommen egal, welche Sucht sich in einem Menschen manifestiert. Allerdings nehmt ihr nur solche Süchte wahr, die dem Menschen äußerlich anzusehen sind, bzw. die ihr durch bestimmte negative Begleiterscheinungen registriert. Niemand ist zunächst in der Lage oder bereit, auch andere Süchte zu akzeptieren, beispielsweise Arbeitssucht, Liebessucht, Eifersucht, Spielsucht usw. Diese Süchte werden lange als normal angesehen oder als Wesensmerkmale des Menschen bezeichnet. Dabei können diese Süchte sich gravierender auswirken als die körperlichen Süchte, die früher oder später ärztlich erkannt werden, um dann zunächst dem Versuch unterliegen, durch herkömmliche Therapie, Entzug usw. beseitigt zu werden.

Nennt sie geistige Süchte, diese Süchte, die nicht dem direkten körperlichen Verfall dienen. Woher kommen nun die Anlagen zu Süchten im gemeinen? Die Sucht, wo auch immer sie sich zeigt, hat ihren Ursprung im Karma des Menschen. In den Zellen, die, wie bereits bekannt, alle Programme aus sämtlichen Leben enthalten, wird die Sucht in dem Moment aktiviert, in dem der Mensch mit einem alten Suchtmuster konfrontiert wird. Das heißt, der Verstand ist in diesem Moment nicht in der Lage, der Sucht auszuweichen. Der Mensch ist in diesem Leben in einer ähnlichen Lage, in der er schon einmal war und durch eine Sucht den Ausweg gesucht hat. In den seltensten Fällen ist er dann fähig, Widerstand zu leisten und der Sucht aus

dem Weg zu gehen. Könnte er in den alten Zustand versetzt werden, würde er sofort die Sinnlosigkeit der Sucht begreifen. Ist dieser Moment verpaßt, beginnt die Sucht von vorne und kann nur noch sehr schwer wieder beendet werden. Bei einer Sucht liegt also die sinnvolle Bekämpfung vor dem Ausbruch und nicht danach. Das bedeutet, daß die Warnsignale erkannt und richtig eingeordnet werden müssen. Aber auch dann muß die Ursache gefunden werden, um den Ausbruch der Sucht zu verhindern.
Ist der Ausbruch erfolgt, beginnt eine lange Erkenntnisarbeit oder ein langer Entzug. Danach ist der Mensch in vielen Fällen jedoch nur scheinbar geheilt, das heißt, oftmals entsteht eine neue Sucht, sozusagen eine Ausweichsucht, oder der Mensch wird irgendwann wieder „rückfällig", wie ihr es ausdrückt. Aber er kann gar nicht rückfällig werden, da er im Grunde genommen nie geheilt war. Ihr habt nämlich die Ursache nicht gefunden. Wenn ihr jemandem lange genug den Alkohol entzieht, wird er vielleicht zunächst nicht mehr trinken. Unter Umständen beginnt er dann, stark zu rauchen oder zu essen, oder er bekommt Schlafprobleme, die im übrigen auf eine verdrängte Sucht hindeuten können. Zu irgendeinem späteren Zeitpunkt gerät dieser Mensch wieder in seine alte Problematik, vielleicht sogar, ohne es zu merken. Sofort greift er wieder zur Flasche und trinkt. Ihr sagt, „das erste Glas macht wieder süchtig". Das stimmt nicht. Der erste Rückfall in die Problematik macht wieder süchtig.

Jeder Zwang, etwas zu tun, auch übertriebene Sorgfalt, Arbeitswut, Cholerik, Hysterie, Sauberkeit, Manie oder Nachlässigkeit ist eine Sucht und reibt den Menschen auf. Kontrolle ist der erste Schritt zur Bekämpfung im Vorfeld, das heißt Kontrolle der auftretenden

Merkmale. Dabei ist es wichtig und erforderlich, einen Menschen auf diese Merkmale hinzuweisen, ohne ihm wehzutun. Er selbst empfindet alle diese Symptome als normal. Oftmals denkt er sogar, er würde sich dadurch positiv von seinen Mitmenschen unterscheiden. Er braucht in der Regel sehr lange, um zu erkennen, daß er sich langsam aber sicher damit zugrunde richtet. Während die körperlichen Süchte früher oder später zum Zusammenbruch führen und den Menschen außer Gefecht setzen, können die seelischen Süchte ein Leben lang zum Dilemma werden und den Menschen zum Außenseiter stempeln.

Die psychologische Betreuung dieser Menschen ist zwar eine gute Erfindung, allerdings bezieht sie in den seltensten Fällen die Vorleben der Menschen mit ein. Nicht immer ist die Ursache für eine Sucht in diesem Leben zu finden. Dann sucht ihr manchmal jahrelang, und dem Menschen wird nicht geholfen. Beschäftigt euch mit dem Karma des Menschen und erkennt sein altes Muster, das wieder aufgebrochen ist. Dann laßt ihn das Muster in Liebe auflösen und die Sucht ist besiegt.

Ein Beispiel: Wenn ein Mensch das zwanghafte Bedürfnis hat, andere ständig zu bestehlen, sucht ihr die Ursache oft in der Kindheit. Ihr sagt, es ist mangelnde Liebe des Elternhauses, oder das Bedürfnis des Menschen, auf sich aufmerksam zu machen. Wenn ihr es ihm lange genug eingeredet habt, wird er es glauben. Nichts ist einfacher zu glauben, als nicht geliebt und dadurch zu Taten angestiftet zu werden. In Wahrheit kann es sein, daß dieser Mensch in einem vergangenen Leben kontinuierlich betrogen und bestohlen wurde. Kommt er nun mit diesen Symptomen im richtigen Moment in Kontakt, auch durch die alten Seelen, die ihm zwangsweise wieder begegnen, wird das Programm sofort wieder in Gang gesetzt, und der Mensch „rächt" sich, um sein Karma aufzulösen.

So gerät jeder Suchtkranke durch alte Programme, die durch alle möglichen Begebenheiten oder Lebenslagen in Gang gesetzt werden können, an sein Karma und muß sich damit auseinandersetzen. Gerade die Menschen, die am stärksten darunter leiden, sind mit beteiligt und sollten alles tun, um Hilfestellung zu geben. Am wenigsten dürfen sie verurteilen oder sich gar zurückziehen. Wenn sich ein Mensch betroffen fühlt, bedeutet das, daß er an der Situation beteiligt ist. Jede Sucht ist eine Krankheit, die in der Zelle angelegt ist und ihre Ursache nicht in der augenblicklichen Situation hat. Sie hat den Ausbruch nur begünstigt. Aus der Sicht der geistigen Ebene wäre es daher sinnvoll, die psychologische Betreuung dieser Menschen entsprechend zu verändern, das heißt, sie durch eine Reinkarnationstherapie an die Ursache ihrer Probleme heranzuführen, wodurch sich die Arbeit mit diesen Betroffenen vereinfachen würde.

8. KARMA UND FAMILIE

Die Familie ist ein Verbund von Seelen, die sich in ihrem irdischen Leben zur Karmaerlösung wiederbegegnen. Wie ihr wißt, vergrößern und verkleinern sich die Familien je nach Lebensumständen, Todesfällen, Geburten, Heirat oder auch Trennung, aus welchen Gründen auch immer. Die Familie war einstmals gedacht als Zufluchtsort für alle Angehörigen, wobei die Alten und Kranken in ihr Versorgungssystem eingebunden waren. Sie war gleichzeitig ein Hort für alle Mitglieder, in dem man Geborgenheit und Verständnis zu erlangen hoffte. Aber schon früher wie auch heute wurde das Ziel oft verfehlt. Der Wunsch, im Schoße der Familie gut aufgehoben zu sein, ist so alt wie die Menschheit. Heute hat sich das System etwas verändert. Die Alten und Kranken werden oftmals abgeschoben zu ihresgleichen. Sehr oft wollen sie auch die Familie verlassen, um ihr nicht unnötig zur Last zu fallen, wie sie meinen. Die Menschen verlassen einander, und Kinder gehen ihre eigenen Wege. Zeitalterlang hat der Mensch in dem Irrtum gelebt, die Familie sei der einzige Ruhepol und Ort, an dem ihm nichts passieren könne. So zwang man sich teilweise dazu, miteinander zu leben, obwohl man sich nichts mehr zu sagen hatte oder sich sogar letztendlich gegenseitig bekämpfte.
Heute denken viele an die alten Zeiten zurück und wünschen sich wieder die Großfamilie. Laßt euch sagen, daß die Entwicklung, die die Menschheit in diesem Sinne erlebt hat, ihren Sinn hat. Die Zusammenführung von Menschen verschiedenster Natur und Bestimmung in einer Familie dient lediglich der Aufarbeitung von Karma. Insofern ist es unabdingbar, die Veränderungen, die sich, in welcher Form auch immer, ergeben, anzunehmen und zu akzeptieren.

Wehrt man sich gegen diesen Fortschritt, wird manche Seele daran gehindert, ihren Erdenwandel erheblich zu verkürzen, indem sie sich anderen Familien oder Lebensgemeinschaften zuwendet und dort ihr Karma erlöst. Euer Leben ist geprägt von Evolution und muß im Fluß bleiben. Deshalb ist es sinnvoller, eine Familie im richtigen Moment zu verlassen und sich auf neue Wege zu begeben, als „zum Wohle aller" ein System aufrechtzuerhalten, das nicht mehr funktioniert. Der Hintergrund ist der, daß ein früher bestehendes Karma seine Erlösung gefunden hat. Sicherlich kann sich ein Zusammenleben auf ein ganzes Erdenleben beziehen. In diesem Sinne gibt es das „positive Karma", das eine innige Beziehung zwischen Familienmitgliedern begründet und wie ein Fels in der Brandung steht, um immer wieder zur Rückkehr einzuladen. Auch Hilfestellung, die gerne geleistet wird, ist ein positives Karma und wird nie Schuldgefühle oder das Gefühl von Zwang erzeugen.

Auf eurem Planeten wurde der Begriff der Familie einstmals durch die Kirche stark beeinflußt. Man hat versucht, den Menschen unter Kontrolle zu behalten, indem man ihm eingeschärft hat, eine Ehe dürfe nur durch den Tod geschieden werden. Dieses Gesetz ist bis heute in euren Köpfen verankert. Zwar haben viele gelernt, sich dem zu widersetzen, dennoch ist dieser Schritt bis heute mit großen Schuldgefühlen und nachhaltigen Folgen verbunden. Jeder versucht, sich ins rechte Licht zu setzen und letztendlich den größtmöglichen Vorteil aus der Situation zu ziehen. Es ist an der Zeit zu lernen, daß die Ehe eine Zweckgemeinschaft darstellt, die zum Ziel haben soll, bestimmte karmische Auflösungen möglich zu machen. Die notwendigen Einzelheiten und Lebensphasen ergeben sich aus den karmischen Zusammenhängen, die von Gemeinschaft zu Gemeinschaft verschieden sind. Deshalb ist es im Grunde genommen unmöglich, für alle Menschen den gleichen Maßstab anzusetzen. Das zu begreifen, dürfte nicht allzu schwer sein. Deshalb gestaltet sich auch jedes Familienleben in einem anderen Maße, und niemand hat das Recht, andere zu beneiden oder zu verurteilen. Wo sich Krankheit, Ärger und Mißgunst häufen, müssen diese Phasen durchlebt werden, genauso wie Reichtum, Gesundheit und Wohlergehen. Ihr versucht verzweifelt, den goldenen Mittelweg zu ergattern und von allem nur das Positive zu erschaffen. Es wird euch nicht gelingen, wenn es nicht vorgesehen ist. Probleme sind da, um gelöst zu werden. Sie bestanden früher schon und wurden damals nicht gelöst. Deshalb dürft ihr euch heute noch einmal damit beschäftigen.

Gelingt euch durch eigenes Bemühen die Manipulation der Gegebenheiten nicht, greift ihr mittlerweile zur Technik. Dazu sei ein Beispiel gesagt: Ein Ehepaar, das kinderlos bleibt, hat diesen Weg gewählt, da es genügend mit sich selbst zu tun und mit der Partnerin/dem Partner aufzuarbeiten hat. Dieses Ziel wird jedoch häufig extrem vernachlässigt, indem man mit allen Mitteln eine Schwangerschaft erzwingen will. Sicherlich habt ihr den freien Willen und auch das Recht, euren Körper zu manipulieren. Für die geistige Welt ist es unverständlich zu sehen, wie ihr euch teilweise mental zugrunde richtet, indem ihr euch gegenseitig der Unfruchtbarkeit und der Unfähigkeit zur Gründung der Familie bezichtigt. Euer Plan steht von Anfang an fest. Wir lassen zu, daß der Mensch immer erfindungsreicher wird. Das ist nicht neu. Auch in Atlantis konnte man in vielfacher Weise manipulieren. Das Ergebnis ist bekannt. Die Zeit ist nicht mehr fern, wo ihr bestimmen könnt, welche Nachkommen ihr zu erzeugen wünscht.

Seid euch bewußt, daß ihr damit in den göttlichen Plan eingreift. Jede Seele, die inkarnieren will und muß, findet ihre Familie von selbst. Auch für die manipulierte Inkarnation sind Seelen bereit. Allerdings müßt ihr euch auch der Folgen bewußt werden, die dadurch auf euch zukommen: Euer Erdenwandel wird anstrengender, da ihr euer Pensum künstlich erhöht. Diese Seele hätte gerne noch auf der geistigen Ebene verweilt und euch beobachtet bzw. von dort aus zur Seite gestanden. Nicht immer freut sie sich über diese Inkarnation. Es ist möglich, daß sie ihr Erdenleben sehr schnell wieder beendet, um ihr altes Programm wieder aufzunehmen. Seht es so: Sie war auf der geistigen Ebene vielleicht noch nicht ganz ausgebildet, um in der folgenden Inkarnation ihr größtmögliches Ergebnis zu erzielen. Ihr zieht sie gewaltsam und künstlich an. Unter Umständen wäret ihr euch erst wieder auf der geistigen Ebene begegnet, oder ihr hättet erst das nächste Leben wieder zusammen verbracht. Möglich wäre auch gewesen, daß die Seele in einer euch verwandten oder bekannten Familie inkarniert und so mit euch in Verbindung getreten wäre. Gegebenenfalls hätten sich so Konflikte vermeiden oder mildern lassen, die durch eine künstlich herbeigeführte Inkarnation unabwendbar sind. Begebt euch nicht auf Wege, die allzu schnell ins Dunkel führen, da ihr nur bis zur nächsten Ecke blicken könnt. Nicht jeder Wunsch ist erfüllbar, da er euren Rahmen sprengen würde.

Beginnt damit, das Zusammenleben der Menschen als zweckgebunden zu sehen. So geschieht es auch auf anderen Planeten. Wesen treffen sich dort, um bestimmte Ziele und Ergebnisse zu erreichen. Sie haben gemäß ihrer Entwicklungsstufe im Gegensatz zu euch die Fähigkeit, die Hintergründe klar zu sehen.

Das bedeutet, sie sind in diesen Sphären inkarniert, da sie bereits weiter entwickelt sind als ihr. Ist das Lernziel erreicht und das Karma erlöst, begibt sich das Wesen in neue Gefilde, und zwar ohne Schuldgefühle oder Ansprüche. Auf diesem Niveau entsteht dort auch neues Leben. Jeder hat seine Existenzberechtigung im Sinne seines Karmas. Niemand ist an einer Manipulation interessiert, da er die Folgen voraussehen kann. Von vielen wird nun der Vorwurf kommen, daß es auch Manipulation wäre, so gesehen, den Tod eines Menschen durch Operation, Wiederbelebung usw. zu verhindern. Das stimmt nicht. Eine Operation, Organverpflanzung, geglückte Wiederbelebung oder erfolgreiche Behandlung einer Krankheit ist keine Manipulation, sondern eine Auflösung des Karmas oder der notwendige Schritt, den Menschen an ein noch zu lösendes Karma gelangen zu lassen. Ihr werdet euch sicherlich schon oft gewundert haben, daß die gleiche Handlung zu total verschiedenen Ergebnissen führt, bei dem einen Menschen zum Weiterleben und bei dem anderen zum Tod führt. Wäre hier Manipulation im Spiel, wäre das Ergebnis immer gleich. Hier handelt es sich um Entscheidungen, die auf geistiger Ebene getroffen werden, oft in Absprache mit dem Betroffenen, wie ihr von Nahtoderfahrungen wißt. Solche Entscheidungen sind notwendig, um ein Familienkarma in letzter Instanz zu bearbeiten und zu erlösen.

Noch ein paar Worte zu Fehlgeburten: In vielen Familien hat ein solches Ereignis schon zu Entsetzen und nicht selten zum Zusammenbruch geführt. Die Mütter fühlen sich oft mißverstanden oder unfähig, eine Familie zu gründen. Jede Seele, die inkarniert, hat für dieses Leben eine bestimmte Zeitspanne zur Verfügung. Wenn sie den Körper übernommen hat, beginnt ihr Programm zu laufen. Ihr müßt verstehen, daß

es manchmal nur noch einer emotionalen Erfahrung bedarf, um ein Karma zu erlösen. Diese Erfahrung kann sich schon im Mutterleib oder in den ersten Stunden nach der Geburt erfüllen. Dann ist dieser Erdenwandel abgeschlossen. Wenn ihr Karma richtig versteht, werdet ihr begreifen, daß diese kurze Zeitspanne für die Seele eine Belohnung und etwas Positives darstellt. Für euch im Irdischen ist es ein Schicksalsschlag und ein großer Verlust, da die Seele bzw. der Mensch nicht leben durfte. Er brauchte nicht zu leben in eurem Sinne. Er hat genug gelebt. Nun wechselt er wieder auf die geistige Ebene und ist euch dort unter Umständen viel nützlicher. Früher war die Sterberate bei Säuglingen wesentlich höher als heute. Das war so, weil die Seelen noch viel mehr abzulösen hatten als heute. Durch die geringere Lebenserwartung konnten die Seelen viel schneller wieder inkarnieren. Logischerweise wurde auch viel mehr Karma aufgebaut und wieder abgearbeitet. Heute lebt ihr länger und habt dadurch auf der Erde mehr Möglichkeiten, Karma abzutragen.
Euer Ziel sollte werden, das Familienleben und das Zusammenleben im allgemeinen besser der Veränderung anzupassen und nicht alles als Schicksalsschlag aufzufassen, was den normalen Alltag in Unordnung bringt. Im Gegenteil, seid dankbar für alle Ereignisse. Sie zeigen euch den Weg aus eurem Karma.

9. KARMA UND NEUE LEBENSABSCHNITTE

Bestimmte Lebensabschnitte sind in eurem Lebensplan vorgesehen und treten je nach Fortschritt in Aktion. Wir auf der geistigen Ebene sind angehalten, euch jeden Lebensabschnitt beenden zu lassen, bevor ein neuer Abschnitt in die Wege geleitet wird. Manchmal habt ihr Schwierigkeiten, einen bestimmten Lebensabschnitt zu verlassen, weil er euch ganz gut gefallen und in vorhersehbaren Bahnen hat leben lassen. Der neue Abschnitt, der sich ankündigt, bringt manchmal neue Probleme und Schwierigkeiten mit sich, auf die ihr gerne verzichten würdet. Aber seid gewiß, diese neuen Dinge sind erforderlich, um euren Plan zu erfüllen. Wenn ihr in der Lage seid, ohne Angst und Zweifel an diese neuen Themen heranzugehen, kann euch kein Leid geschehen. Leid verursacht ihr nur, indem ihr aus Angst Fehler macht, die eigentlich nicht notwendig wären.

Jeder Lebensabschnitt bedeutet eine Chance, daß altes Karma hochkommt und dann gelöst werden kann. Ihr trefft neue Menschen und geht in neue Situationen, die euch vorher unbekannt waren. Dies alles geschieht schrittweise, da euch nur das begegnet, was jetzt ansteht. So könnt ihr euch zum Beispiel nur mit bestimmten Menschen beschäftigen, um ein Karma im Sinne der Partnerschaft zu erlösen. Dazu gehören Lebenspartner, Kinder und direkte Familie. Ist dieses Karma erfüllt, erfolgt eventuell eine Trennung, und eine neue Beziehungsgeschichte nimmt ihren Lauf. Oftmals wiederholen sich die gleichen Muster, die bereits vorher in einer Beziehung bestanden haben. Der Grund dafür ist, euch dieses bestehende Muster oder bestimmte Verhaltensweisen klarzumachen, damit ihr alles erlösen und den Grundstein für anders verlaufende Beziehungen schaffen könnt. Gelingt euch dieser Schritt nicht, werdet ihr immer wieder mit dem alten Muster konfrontiert.

Ebenso verhält es sich mit beruflichen Situationen. Ihr scheitert so lange am gleichen Problem, bis ihr erkannt habt, daß eine Veränderung eurerseits notwendig ist. Oft ist dieser Schritt sehr schmerzhaft und hat eine Veränderung eurer ganzen Person zur Folge. Viele Gründe können zu solchen Veränderungen führen. Manche Menschen müssen lernen, ihren eigenen Wert besser einzuschätzen, da sie sich von anderen Menschen kontinuierlich ausnutzen lassen. Andere müssen einen Weg finden, ihre Kräfte nicht zu überschätzen und sich selbst Grenzen zu setzen. Notfalls muß eine Krankheit in Aktion treten, die in Form eines uralten Programmes in den Zellen gespeichert ist und durch das alte Muster wieder in Gang gesetzt wird.

Diese veränderten Lebensabschnitte sind für euch nicht immer positiv zu sehen, da sie euer bisheriges Leben oft total verändern, in dem es euch eigentlich ganz gut gegangen ist. Seid gewiß, daß es so nicht weitergehen konnte, da ihr in ein Fahrwasser geraten seid, das langsam seicht und letztendlich zu einer Behinderung eures Lebensflusses wurde. Ebenso erinnern euch Krankheiten an Programme, die dringend ihrer Bearbeitung bedürfen. Sie kommen euch immer ungelegen. Tatsächlich kommen sie immer zur rechten Zeit, nämlich dann, wenn ihr die Chancen und Gelegenheiten habt, diese Programme aufzulösen. Auch der Tod kommt zum richtigen Zeitpunkt.

Lebensabschnitte sind wie Schuljahre in eurer Lebensschule. Habt ihr ein gutes Ergebnis erzielt, werdet ihr versetzt, und die neuen Fächer und der Lernstoff werden schwieriger und anspruchsvoller. Damit verbunden sind, wie in euren Schulen, die üblichen Prüfungen. Sie zeigen, ob ihr alles verstanden habt und für gut befunden werdet, eine einfachere Schule zu verlassen und eine anspruchsvollere zu betreten. Für diesen Schritt braucht ihr eine Aufnahmeprüfung. Das heißt, um die alte Schule verlassen zu dürfen, werdet ihr geprüft, ob ihr bereit seid, loszulassen und die notwendigen Quintessenzen zu veredeln und mitzunehmen. Viel alter Ballast muß abgeworfen und vergessen werden. Auch aus euren irdischen Schulzeiten habt ihr nur das Wichtigste behalten. Dann folgt die Aufnahmeprüfung in die höhere Schule. Sie zeigt, ob ihr tatsächlich bereit seid, Unbekanntes und Schwierigeres auf euch zu nehmen. Wie ihr vielleicht schon selbst festgestellt habt, ist der Fortschritt des Lebens im allgemeinen mit immer größeren Schwierigkeiten verbunden. Deshalb ist der Mensch oft von einer gewissen Selbstzufriedenheit besessen und wähnt sich dann am Ende seines Weges. Er beruhigt sich selbst, indem er auf andere schaut, denen es doch viel schlechter geht als ihm selbst. Er hat noch nicht erkannt, daß er zwar das Recht auf eine Ruhepause hat, aber schon an einer Wegbiegung steht, die mit Steinen übersät ist. Nun muß er beweisen, daß er bereit ist, auch diese wegzuräumen.

Kein irdischer Weg lädt zum Ausruhen auf Kosten eures Karmas ein. Wie oft beschreitet ihr die Umwege, die euch kürzer oder leichter vorkommen, da dort die Steine kleiner zu sein scheinen. Das mag auf den ersten Blick stimmen, jedoch taucht dann irgendwo ein tiefer Graben auf, der mit den großen Steinen des anderen Weges gefüllt ist. Die Steine verfolgen euch gewissermaßen, da sie zu euch gehören. Wenn ihr in Angst und Panik verfallt, ist dies immer ein Zeichen, daß sich alte Muster wiederholen, die euch in den

gleichen Schrecken versetzen wie früher. Löst die Muster auf, und die Angst verliert ihr Gesicht. Umso schneller seid ihr bei der Entlassung aus der Schule angelangt. Viele sind zeitalterlang sitzengeblieben und haben die gleiche Schule schon so oft wiederholt, daß es ihnen eigentlich langweilig werden müßte. Sie wundern sich nur darüber, daß ihnen das gleiche Dilemma immer und immer wieder begegnet. Gott sei Dank erinnern sich die wenigsten, daß es ihnen bereits in vielen Leben so ergangen ist.
Euer Lehrbuch heißt Akasha. Ihr schreibt es selbst und könntet es sehr schnell beenden, indem ihr jedes Kapitel nur einmal niederschreibt.

10. KARMA UND SCHULUNG IM JENSEITS

Euer irdisches Leben wird zu einem bestimmten Zeitpunkt abgeschlossen. Vor der Inkarnation steht euer Lebensplan fest, und ihr wißt, wie lange ihr die Möglichkeit zur Abarbeitung eures Karmas habt. Wird nun euer Fahrplan eingehalten, ist eure Seele nach der Loslösung vom Körper sehr zufrieden mit ihrer Arbeit. In diesem Moment nämlich überschaut sie alle Leben und die jeweils aufgearbeiteten Themen. Gleichzeitig setzt sie sich neue Ziele, die sie schnellstmöglich erreichen möchte. Diese Ziele wiederum können verschiedener Natur sein. Es gibt Ziele, die nur im irdischen Leben verwirklicht werden können und dürfen. Hierzu zählt beispielsweise die Erlösung von Aspekten der Gewalt, Neid, Eifersucht, kurzum jede Form von Leid und Schmerz, da diese Möglichkeiten im Geistigen nicht vorhanden sind. Auf der geistigen Ebene kann eine solche Erlösung niemals stattfinden, da sie dort rein menschliche Merkmale hervorrufen würde. Da auf der geistigen Ebene nur rein geistige Merkmale existieren, kann eine Seele dort lediglich bereuen, was sie im Irdischen produziert hat und sich ihrem freien Willen entsprechend zu einer neuen Inkarnation zur Erlösung ihrer Aufgaben entscheiden.
Hierbei ist zu bemerken, daß die Seele natürlich Hilfestellung geistiger Natur erfährt, das heißt, sie wird geführt und bei ihren Entscheidungen unterstützt. Eine neue Inkarnation nun ist von hoher Tragweite und bedarf im Vorfeld genauer Überlegung. Die Seele berät sich intensiv mit ihrem eigenen Karmischen Rat, der aus ihren geistigen Helfern besteht. Sie wird auf alles aufmerksam gemacht, was sie erwartet, wenn sie sich neu verkörpern möchte. Nicht das kleinste Detail bleibt unberücksichtigt. Das macht es vielleicht etwas verständlicher, daß manche Menschen sozusagen

vom Pech verfolgt sind, wie ihr es nennt. Das ist nicht korrekt, denn sie haben alle Merkmale vorher erfahren und sich dazu bereit erklärt, alles auf sich zu nehmen, was sich ihnen in den Weg stellt. Im Grunde genommen solltet ihr sie für ihren Mut bewundern, sich ihrem Schicksal zu stellen.
Nun werdet ihr vielleicht bemerken, daß es dann ja vollkommen gleichgültig ist, was man in einem Leben alles erledigt, wenn man ja jederzeit wieder zurückkommen kann. Diese Sache hat sozusagen einen Haken. Zwar bleibt euch nichts erspart und alles kann jederzeit erlöst werden, aber der Rahmen gestaltet sich oftmals etwas schwierig. Bedenkt: Euer Karma gehört zwar euch alleine, aber es ist mit vielen anderen Seelen verbunden. Wollt ihr nun ein Karma im Irdischen erlösen, ist es erforderlich, daß ihr die dafür benötigten Seelen treffen könnt. Während ihr im Geistigen verweilt und eure nächste Inkarnation plant, sind viele dieser Seelen noch inkarniert und beschäftigen sich mit anderen karmischen Abläufen. Etliche davon legen ebenfalls ihren Körper ab und begegnen euch im Geistigen. Dort könnt ihr euch dann absprechen, was jedoch immer in Liebe geschieht, selbst wenn ihr euch auf Erden nicht besonders gut verstanden habt. Dieses Gefühl der Uneinigkeit stellt sich erst wieder im Rahmen der Inkarnation ein und muß erlöst werden. Kurzum, es kann Jahrzehnte oder Jahrhunderte nach eurer Zeitrechnung dauern, bis sämtliche Fäden wieder so gezogen werden können, daß sich alle zur Erlösung benötigten Seelen freiwillig wieder inkarnieren. Viele erleben in der Zwischenzeit nämlich Inkarnationen auf anderen Planeten und stehen euch lange Zeit nicht zur Verfügung. Das ist der Grund, warum sich manche Seelen so lange auf der geistigen Ebene oder auf anderen Planeten aufhalten, bevor sie wieder auf die Erde zurückkehren können, um ein

bestimmtes Karma zu erlösen. Natürlich können sie auch wieder im Irdischen inkarnieren, um sich mit einem ganz anderen Thema zu beschäftigen, für dessen Bewältigung alle Gegebenheiten vorhanden sind. Ihr seht, es ist ein endloses Rad, das sich dreht, wenn ihr mit eurem Karma sparsam haushaltet.

Andererseits kann die Seele auf der geistigen Ebene ganz andere Ziele ins Auge fassen - Ziele, die der Vervollkommnung geistiger Natur dienen. In der Regel sind solche Möglichkeiten eine Art Belohnung für gut gelebte Inkarnationen. Die Seele darf sich sozusagen ausruhen, sich fortbilden und gegebenenfalls in eine andere Sphäre hinaufarbeiten, um ein noch zu erlösendes Karma dann angenehmer, einfacher oder geistreicher abzuarbeiten. So ist es zu verstehen, daß Menschen geboren werden, die über große Fertigkeiten oder Talente verfügen. Oftmals zeigen sich diese Gaben bereits im Kindesalter und bewahren den Menschen vor unnötigen Umwegen oder Ärgernissen im Sinne seines Fortschrittes. Jede Seele hat große Fähigkeiten. In den geistigen Sphären habt ihr alsdann die Möglichkeit, je nach eurer Begabung eure Talente zu schulen und zu verbessern, um sie dann später in der Inkarnation sinnvoll zu nutzen und ertragbringend anzuwenden. Könntet ihr im Irdischen ohne Probleme auf all eure Wissenspotentiale zurückgreifen, die ihr euch im Geistigen zugelegt habt, hättet ihr viel mehr Genies und Wunderkinder. Aber hier kommt euch euer Verstand in die Quere.
Der Mensch lebt zeitalterlang bereits in dem großen Irrtum, daß sein Gehirn über einen bestimmten Intelligenzquotienten verfügt, der von Mensch zu Mensch unterschiedlich ausgeprägt ist. Manche zählen sich deshalb zur Elite, ihr Stolz bläht sie auf wie einen Pfau, während sie andere als Versager, Dummköpfe und

ihnen unterlegen bezeichnen. Seid vorsichtig, Hochmut kommt vor dem Fall. Noch immer herrscht die irrige Meinung, alles Wissen und sämtliche Fähigkeiten würden während eures derzeitigen Lebens erlernt und vermittelt. Im Grunde genommen wird durch eure irdische Schule, wie lang auch immer ihr sie besucht, nur euer altes Wissen geweckt und aktiviert. Alles, was ihr auf der Erde erlernt, war schon einmal da. Nichts ist neu. Viele tragen ein enormes Wissen in sich, das sie auf anderen Planeten vermittelt bekamen. Was für euch heute einen Durchbruch bedeutet, gehört auf anderen Planeten zur Vergangenheit. Niemand ist geringer als der andere. Der Unterschied liegt nur darin, daß manche Seelen eine etwas schnellere Vorbereitung und konsequentere Aufarbeitung ihres Karmas erfahren haben. Allerdings besteht genauso die Möglichkeit, daß sie sich durch Fehlnutzung ihrer Wissensmerkmale oder Fähigkeiten neues Karma schaffen und dadurch wieder Rückschritte machen. Deshalb solltet ihr sehr vorsichtig sein mit eurer Selbstdarstellung. Wer seine positiven Unterscheidungsmerkmale negativ nutzt, wird es später bereuen. Negativ nutzt ihr sie immer dann, wenn ihr andere dadurch übervorteilt, verurteilt oder euch unterwerft. Manche von euch betreiben eine moderne Sklavenhaltung, die mit Sicherheit nicht ungestraft bleiben wird. Viele eurer Politiker sollten sich intensiv Gedanken darüber machen, ob alle ihre Entscheidungen immer so zum Wohle der Allgemeinheit ausfallen, wie sie es behaupten. Die jenseitige, geistige Schulung versucht, euch in die Lage zu versetzen, eure nächste Inkarnation so zu leben, daß sie für euch eine Wertsteigerung und eine Verkürzung eures Erdenwandels darstellt. Was ihr während der nächsten Inkarnation daraus macht, bleibt euch überlassen. Darüber urteilen kann eure Seele erst wieder, wenn sie den Körper verlassen hat und Rückschau hält. Versucht, an euer erworbenes Wissen zu gelangen. Für viele wäre das Leben interessanter, abwechslungsreicher und lebenswerter, wüßten sie, was sie alles vermögen. Eure geistigen Führer können euch oft nicht erreichen, da ihr blind für sie geworden seid. Kein Versuch, sich mit ihnen in Verbindung zu setzen, um die Gesetze eures Karmas zu erfahren, bleibt unbelohnt. Zwar müßt ihr euren Weg alleine gehen, jedoch ist euch unsere Hilfe und Unterstützung gewiß. Laßt ihr euch führen, wird vieles leichter und überschaubarer für euch. Zwischen dem Geistigen und dem Irdischen besteht nur eine kleine Brücke, die überquert werden muß, um sich auf dem Laufenden zu halten. Diese Brücke ist gebaut aus Liebe, Mut, Vertrauen, Hoffnung, Glaube und Hingabe.

11. KARMA UND REINKARNATIONSTHERAPIE

Die Reinkarnationstherapie wurde den Menschen des neuen Zeitalters zur Verfügung gestellt, um schneller ihr Karma zu erlösen, das sie sonst daran hindern würde, notwendige Fortschritte im Sinne ihrer Vorleben zu erlangen. Nicht alle können es sich leisten, so abwartend zu sein, wie sie es zeitalterlang waren. Die Reinkarnationstherapie dient mit zur Vorbereitung auf neue Lebensphasen und Lebensumstände, die es diesen Menschen nicht mehr möglich machen, sich mit altem Ballast zu beschäftigen. Somit erlangt ihr ein neues Wissen über euch selbst und die Zusammenhänge eurer Leben und deren Auswirkungen. Nicht alle Menschen können über diese Schiene von der geistigen Welt erreicht werden. Die Masse ist noch zu sehr gefangen in ihren alten Vorstellungen und Prägungen durch die Kirche und ihre Erziehung. Sie verschließt sich der Umwandlung durch fehlende Eigenarbeit. Dies wird sie jedoch nicht schützen vor den notwendigen Maßnahmen der Läuterung. Sie wird auf anderem Wege vollzogen. Die Menschen jedoch, die sich aus eigenem Antrieb auf den Weg machen, ihre alten Lasten, aber auch ihr positives Karma zu ergründen, und die sich die Mühe machen, noch einmal bewußt Leid und Schmerz zu erleben, um sich und andere und die Begleitumstände zu verstehen, erhalten ihren geistigen Lohn. Das heißt nicht, daß man sie damit zur Elite abstempelt. Jeder geht diesen Weg, selbst der Mensch mit dem kleinsten Intellekt. Für alle kommt der Moment der Bilanz. Allerdings gab und gibt es schon seit Menschengedenken die ausgleichende Gerechtigkeit. Unsere Meisterin *Lady Portia*, die dem Karmischen Rat beisitzt, legt großen Wert auf dieses Prinzip. Deshalb ist sie auch bestrebt, daß alle Seelen zum geeigneten Zeitpunkt den Grund erkennen, warum sie im Irdischen leben und ihre Aufgaben zu erfüllen haben. Besonders angesprochen sind hierbei ihre direkten Schüler und Schülerinnen, die sich zu einem festen Zeitpunkt, den sie selbst gewählt haben, ihrer Verantwortung bewußt werden.

Das Prinzip der ausgleichenden Gerechtigkeit ist somit die Waagschale, in die ihr alle eure Erfahrungen werft und für die ihr das richtige Maß finden müßt. Habt ihr genügend Leid erlebt und abgetragen, folgt eine positive Phase oder eine Phase, in der andere euch verpflichtet sind. Über Jahrtausende hin herrschte gemäß diesem Prinzip eine gewisse Gleichgültigkeit, da der Mensch im Irdischen in der Regel durch seinen Verstand geleitet wird. Wie leicht war es in all der Zeit, einem Menschenleben ein Ende zu setzen, wenn man es für angebracht hielt. Dies bezog sich einerseits auf die Möglichkeit des Selbstmords, andererseits auf die vom Menschen, und nur vom Menschen!, eingeführte Justiz, die sich anmaßte, unbequeme Menschen oder solche, die aus dem Rahmen fielen, zu beseitigen. Hier lag für den menschlichen Verstand die ausgleichende Gerechtigkeit. Aber genau da setzt die ausgleichende Gerechtigkeit ein. Niemand hat das Recht, sich selbst oder andere zu verurteilen oder zu richten. In dem Moment, in dem in die natürliche Entwicklung des Menschen manipulativ eingegriffen wird, und zwar durch jede Form von Druck, Zwang, Gewalt und Gericht, entsteht neues Karma. Da der Mensch selten in der Lage ist, eine Tat zu bereuen, weil er sich grundsätzlich im Recht fühlt, überträgt sich die Auswirkung seiner Taten logischerweise auf eine Ebene, in der er ein anderes Empfinden sich selbst und anderen gegenüber besitzt. Dafür muß er jedoch seinen Verstand ablegen und nur noch auf sein Gefühl und Empfinden hören. Der Verstand verschwindet im Normalfall erst beim Ablegen des Körpers, so daß der Mensch erst auf der geistigen Ebene in der Lage ist, das, was er getan oder nicht getan hat, zu beurteilen, und zwar in richtiger Weise. Die logische Folge dieses Umstandes ist also die Reinkarnation, die den Menschen mit einem neuen Verstand ausstattet. Dieser Verstand, der euch im Irdischen begleitet, ist allerdings nicht nur rational angelegt, um nach eurer Meinung Gut und Böse zu unterscheiden und danach zu handeln. Er hat auch die Möglichkeit, einem bestimmten Bewußtsein zu weichen, das euch Dinge wahrnehmen läßt, die jenseits des momentan Erklärbaren liegen. Dieses Phänomen beschreiben eure Ärzte und Wissenschaftler noch immer als Phantasie, Schizophrenie oder Geistesgestörtheit. Dies tun sie in der Regel, weil sie diesen, nicht mit dem Verstand erklärbaren Abläufen nicht folgen können, und weil nur das dokumentierbar ist, was von einem einzigen Menschen wiedergegeben wird. Es ist also nicht beweisbar und auch nicht nachvollziehbar. Die Begründung dafür liegt darin, daß ja nur dieser eine Mensch etwas Derartiges erlebt hat. Also ist es für andere nicht gültig. Es würde euch überhaupt nichts nützen, daraus Lehrbücher herzustellen oder Verhaltensregeln, die nach wie vor für euch das Lebens-ABC darstellen. Es ist auch absolut unwichtig, diese Dinge zu beweisen und nachzuvollziehen, im Gegenteil, es sind Aspekte, die der Mensch durch dieses Erlebnis ablegen soll, da sie nicht mehr für ihn gültig sind.

Dieser Bewußtseinsanteil sollte also sinnvollerweise in jedem Menschen aktiviert werden, um ihn in die Lage zu versetzen, seine alten Lasten abzulegen, oder auch positive Gegebenheiten wahrzunehmen und effektiv zu nutzen. Denn nicht alles Alte ist negativ und schmerzvoll. Es gibt sehr viel positives Karma, das euch hilft, euer Leben angenehm und friedlich zu gestalten. Die Reinkarnationstherapie ist eine Möglichkeit, diese bewußte Wahrnehmung alter Aspekte, die sich in eurem jetzigen Leben niederschlagen, zu erkennen und zu verarbeiten.

Es ist in unserem Sinne, daß ihr das Alte ruhen laßt und euch auf das Neue und Kommende konzentriert. Das Alte könnt ihr aber nur ruhen lassen, wenn ihr es erkannt und erlöst habt. Nun könntet ihr sagen, eine Erlösung müßte ja auch stattgefunden haben, wenn sich zwei Menschen gegenseitig einmal umgebracht haben. Dann hat jeder die Tat vollzogen und die Waagschale ist wieder im Lot. Theoretisch habt ihr recht, aber die Praxis sieht anders aus. Eine Tat ist immer begleitet von Gefühlen wie Haß, Wut, Schmerz und anderen Emotionen. Alle diese Aspekte schlagen sich sofort nieder und erscheinen in der Akasha-Chronik der Seele. Das Prinzip der ausgleichenden Gerechtigkeit liegt nun darin, daß die Seele im Geistigen ihre Tat zwar bereuen kann, sie aber im Irdischen wiedergutmachen muß. Und nun kommt der Aspekt der Liebe hinzu, die, wie ihr wißt, alleine ausgleichen kann.
Hierzu ein Beispiel: Angenommen, zwei Menschen haben sich zeitalterlang gegenseitig umgebracht und bekämpft. Bei jeder vollzogenen Tat haben sich nun die oben genannten Aspekte angesammelt, diese wurden im Geistigen bereut, aber der nächste Versuch der Reinkarnation brachte das gleiche Ergebnis, da der Verstand stärker war als die Liebe. Das heißt, man traf sich wieder, und das alte Programm wurde in den Zellen aktiviert. Aus Freundschaft wurde Streit, Kampf, Gewalt, Mißbrauch usw. Das Ergebnis war nicht selten die gleiche Tat in der Umkehrrolle. Wäre nun einer der Beteiligten in der Lage gewesen, eine Rückschau zu halten und das alte Programm zu erkennen, hätte er rechtzeitig etwas unternehmen können, um die Kette zu unterbrechen. Das heißt, er hätte dem Vorbild Jesu folgen und eine ausgleichende Liebe einbringen müssen. Dadurch hätte sich das alte Band gelöst. Da aber der Verstandesmensch sich, wenn er seinen Feind liebt, als Verlierer und Unterlegener vorkommt, sind die Emotionen

immer die Sieger und produzieren das gleiche Ergebnis. Selten genug wird überhaupt der Versuch unternommen, diesen Weg zu beschreiten. Seht es so: Wenn ihr euch die Mühe macht, Rückschau zu halten und für euch im Geistigen die Erlösung sucht, beeinflußt ihr euren Gegner über den Mentalbereich positiv, wobei er eure Aktion ja nicht einmal bemerken muß. Das ist keine Manipulation, denn Manipulation ist nur dann gegeben, wenn das Endergebnis negativ ist. Hier kann es nur positiv sein.

Gelegentlich ist es so, daß Menschen die Möglichkeit der Rückschau erhalten, wenn ihr Gegner bereits auf die geistige Ebene gewechselt ist. Er ist bereits in der Phase der Reue und würde gerne bei der Auflösung helfen. Aber was hält beide Parteien davon ab? Der Haß und die Gefühle der noch inkarnierten Person. Die vergeistigte Person hätte außerdem viele Möglichkeiten, der noch inkarnierten Person auf andere Art zu helfen. Aber das negative Band bietet dazu keine Möglichkeit. Führt nun die inkarnierte Person eine Auflösung mit Bewußtsein herbei, ist das Karma erlöst, denn auf der geistigen Seite ist die Liebe vorhanden. Sie kann sich mit der irdischen Liebe verbinden, aber nicht mit den negativen Gefühlen. Somit ist es logisch, daß aus der negativen sofort positive Energie werden kann, und nie wieder negative. Das Karma wurde von beiden Seiten erkannt. Auf der geistigen Seite ist es immer klar erkennbar. Auf der irdischen Seite ist ein bewußtes Hinschauen erforderlich. Viele Menschen erreichen dieses Ziel zwar durch Eigenarbeit, indem sie zu einem bestimmten Zeitpunkt mit ihren Widersachern Frieden schließen. Ihr habt es schon oft beobachtet, daß sich Feinde irgendwann umarmen und Freunde werden. Das ist im Grunde genommen eine Gnade, die eine Belohnung für irdische Einsicht darstellt. Aber nicht alle Menschen sind in der Lage, über ihren eigenen Schat-

ten zu springen und Leid und Schmerz einfach zu vergessen und sich zu lieben. Deshalb habt ihr heute die Hilfe der Reinkarnationstherapie. Die Menschen, die euch dabei helfen, sind von der geistigen Hierarchie auserwählt. Sie tragen große Verantwortung für euch und euer Wohlbefinden. Ihr erkennt sie daran, daß sie in der Lage sind, eure Leben genauso zu sehen und zu erkennen wie ihr selbst. Das bedeutet, sie verfügen über eine spezielle Art der Hellsichtigkeit, die ihnen von göttlicher Seite verliehen wurde, um euch zu führen und zu unterstützen. Sie korrigieren eure Arbeit, wenn notwendig, und legen eine gewisse Hartnäckigkeit in ihre Arbeit. Ihr empfindet es oft als Zwang oder Brutalität, da ihr gerne davonlaufen wollt, wenn es für euch unangenehm wird. Seid dankbar für ihr verantwortungsvolles Handeln. Sonst wäre das Ergebnis nicht in eurem Sinne. Ihr alleine könnt euer Karma erlösen. Dafür ist es erforderlich, daß ihr bis zum Ende durchhaltet und erlöst. Dann dürft ihr das Alte ruhen lassen und vergessen. Bedenkt immer, daß ihr nicht für euch alleine arbeitet. Das Ergebnis ist von immenser Bedeutung für viele Seelen. Ihr könnt nicht ermessen, welche Freude auf geistiger Ebene herrscht, wenn im Irdischen eine Erlösung stattfindet. Nicht selten ermöglicht ihr einer Seele, in eine andere Sphäre zu wechseln, in der sie große Fortschritte machen kann und sich damit vielleicht mehrere Inkarnationen erspart. Ihre Hilfe auf geistiger Ebene ist euch gewiß.
Gottes Segen begleitet euch in eurer schweren Erlösungsarbeit. Das kommende Zeitalter läßt diese Problematik in der alten Form nicht mehr zu. Ihr wißt, daß ihr in die Lage kommen werdet, jeden Gedanken erkennen zu können. Ihr würdet es nicht ertragen, alte Lasten zu sehen. Dafür muß der Mensch, der bleibt, rein und ohne Last sein.

12. KARMA UND DIE HERAUSFORDERUNGEN DES SCHICKSALS

Was bedeutet für euch Schicksal? Als Schicksal bezeichnet ihr die Begebenheiten in eurem Leben, die euch unerwartet oder auch unangenehm überraschen und berühren. Sehr oft wird von Menschen behauptet, daß sie ihr Schicksal herausgefordert hätten, wenn sie erkennen, daß ohne bestimmte Schritte, die der Mensch gemacht hat, „Schicksalsschläge" ausgeblieben wären. Diese Sichtweise ist sehr begrenzt. Ihr könnt das Schicksal in diesem Sinne nicht herausfordern, da das Schicksal feststeht.

Wenn ihr nun Karma mit dem Begriff Schicksal gleichsetzt, wird euch die Bedeutung ganz klar. Euer Karma ist dem Lauf der Zeit und eurer Entwicklung unterworfen. Alles erfolgt zur rechten Zeit. Nichts kann verhindert oder begünstigt werden. Ihr sprecht von schwerem Schicksal, wenn Menschen schwere Unfälle oder Krankheiten erleiden, die nicht ohne erhebliche Folgen bleiben. Es ist nur Karma, das der Mensch abträgt, immer vorausgesetzt, die Ursache ist karmischer Natur. Nun laßt mich einen Unterschied feststellen: Habt ihr durch Rückschau, durch eigene Kraft oder mit fremder Hilfe, ein Karma erkannt, das euch beschäftigt oder bevorsteht, seid ihr in gewisser Weise besser vorbereitet und oftmals bereit, diese Dinge schneller zu bewältigen, als wenn ihr ohne jedes Wissen euer weiteres Leben erwarten müßtet. Dies ist auch der Fall, wenn ihr die geistige Welt darum bittet, euer Karma besser erkenntlich zu machen und euch schneller vorankommen zu lassen. Hierdurch wird euer Karma nicht leichter, sondern ihr werdet schneller an die Auflösung herangeführt. In diesem Moment fordert ihr euer Schicksal heraus. Das ist nicht negativ zu sehen. Im Gegenteil, ihr beweist Mut und eine gewisse Integrität gegenüber eurer Vergangenheit und euch selbst.

Wenn sich nun die Ereignisse überschlagen und eure Probleme an die Grenze des Erträglichen gelangen, dürft ihr allerdings nicht hadern mit eurem Schicksal. Dann hilft keine Reue und kein Jammern. Ihr habt es so gewollt. Aber seid gewiß, es wird euch niemals mehr auferlegt, als ihr ertragen könnt. Und ihr könnt immer mehr ertragen, als ihr im entferntesten ahnt. Oft wachsen Menschen in den schlimmsten Phasen ihres Lebens über sich hinaus. Sie werden selbst in schweren Zeiten noch Tröster für andere.

Habt ihr dann die schweren Runden gut überstanden, kommen auch Ruhepausen auf euch zu. Allerdings dauern sie nur solange, wie notwendig ist, um euch wieder Kraft schöpfen zu lassen für neue Taten.

Wie oft hören wir euch sagen: „Ich möchte meine Ruhe." Das ist überhaupt nicht möglich. Wer auf der Erde inkarniert, hat sich dazu entschlossen, auf Ruhe zu verzichten. Er war bereit, sein Schicksal anzunehmen. Eine Herausforderung eures Schicksals besteht also nur darin, daß ihr euch entscheidet, karmische Abläufe und Ereignisse schneller aufeinanderfolgen zu lassen. Allerdings könnt ihr euer Schicksal nicht dämpfen oder bremsen. In diesem Falle würdet ihr euch selbst beschneiden und euch die Möglichkeit nehmen, alles zu erledigen, was ihr euch vorgenommen habt. Wenn wir also feststellen müssen, daß ihr euch bewußt zurückhaltet und bestimmte Schritte, die notwendig sind, unrichtigerweise nicht unternehmt, wird euch zwar euer freier Wille gewährt, aber euer Schicksal dann so gelenkt, daß ihr dem gleichen Problem auf eine andere Art und Weise in die Arme lauft, ohne es zu merken. Nichts bleibt euch erspart, alles muß euch begegnen.

Wenn ihr also Details über euer Karma dank göttlicher Gnade erfahrt, seid dankbar dafür und nehmt es friedvoll an. Geht an die Erlösung heran. Nichts kann euch geschehen, außer daß ihr einen großen Schritt unternommen habt, der sonst unter Umständen lange auf sich hätte warten lassen.

13. KARMA UND WIEDERGEBURT

Worin liegt der Sinn der Wiedergeburt? Die Wiedergeburt stellt einen Kreislauf in der menschlichen Evolution dar, der vom Menschen nicht beeinflußt, sondern nur beendet werden kann. Könnte der Mensch Einfluß nehmen, wäre die Gefahr der Manipulation gegeben. Ein Teil des menschlichen Verstandes beschäftigt sich fortwährend mit der Manipulation, ohne es zu bemerken. Jedes rationale Denken des Menschen hat ein für ihn positives Ergebnis zum Ziel. Dieses Ziel möchte er mit dem geringsten Aufwand in möglichst kurzer Zeit erreichen. Nicht immer ist es dabei möglich, das Umfeld an dem positiven Ergebnis zu beteiligen, so daß anderen Menschen eventuell Nachteile daraus entstehen. Für den menschlichen Verstand sind dies Kleinigkeiten, die sich auf andere Art und Weise kompensieren lassen.

Auf der geistigen Ebene allerdings ist dieses Prinzip der Zielerreichung nicht gegeben. Hier ist in dieser Form keine Einflußnahme möglich. Alles muß hier aus Liebe geschehen, um ein bestimmtes Ziel zu erreichen und Karma zu erlösen. Deshalb ist der Mensch, oder besser gesagt, seine Seele, auch nur auf der geistigen Ebene in der Lage, den Kreislauf seiner Leben zu überblicken und seine Beendigung mit dem Ziel des Eintrittes in das Zentrum herbeizuführen. Auf dieser Ebene, also der geistigen, kann er nämlich keinen Einfluß nehmen, da er dort nur eine Rück- und Vorausschau halten kann, um dann die nächste Inkarnation ins Auge zu fassen, die wiederum ein Schritt in Richtung der Beendigung seines Kreislaufes darstellt. Er kann sozusagen bereuen und dann zur neuen Tat schreiten. Hier unterscheiden sich Theorie und Praxis.

Hat sich nun eine Seele vom Körper infolge des Todes gelöst, wechselt sie auf die geistige Ebene und findet sich in der für sie richtigen Sphäre wieder. Dort erhält sie dann die Möglichkeit der Rückschau. Alle ihre vergangenen Leben präsentieren sich mit allem Negativen und Positiven. Die Seele erkennt all ihre Fehler, die sie begangen hat, und all die guten Taten. Daraus ergibt sich, daß sie sofort erkennt, wo sie versagt oder falsch gehandelt hat, aus welchem Grund auch immer. Nun gilt es, sich ein neues Ziel zu setzen. Dieses Ziel jedoch ist abhängig von sehr vielen Faktoren, die euer normaler Menschenverstand kaum erfassen kann. Die Seele möchte sich natürlich bemühen, in ihrer nächsten Inkarnation soviel Karma wie möglich abzutragen. Sie legt sich sozusagen einen neuen Plan zurecht. Da sie aber auch Verdienste errungen hat, bestehen auch bestimmte Rechte, die sie sich nehmen kann. Dies können große Fertigkeiten oder Talente sein, die sie in ihrer nächsten Inkarnation berechtigen, einen durchaus angenehmen Lebenswandel zu führen. Oftmals müssen diese Fertigkeiten jedoch noch in gewissem Maße vertieft und geschult werden, um in der Folgeinkarnation entsprechend erkannt und angewandt werden zu können.
Infolgedessen wird der Seele zum Beispiel angeboten, in der geistigen Sphäre eine bestimmte Zeit zu verweilen und dort die für sie geeignete Schule zu besuchen, in der sie in Ruhe und Frieden lernen darf, ohne andere Verpflichtungen zu spüren. Das ist der Unterschied zu euren irdischen Schulen, die immer begleitet von Zwang, Krankheit und Alltag sind.

In der geistigen Welt gibt es nur den Wunsch, zu lernen und sich zu vervollkommnen, und es existiert jede Grundlage dazu. Nichts muß dafür getan werden, da die Seele in der ihr entsprechenden Sphäre weilt. Hier-

aus könnt ihr also sehr gut erkennen, wie wichtig es für euch Menschen sein muß, die Verstorbenen ruhen zu lassen. Sobald ihr nämlich die Seele zurückholt durch Trauer, Anrufung und jegliche Form der Kontaktaufnahme, ist sie einem Störfaktor ausgesetzt, der sie nicht in Ruhe arbeiten läßt. Erst wenn sie ihre Arbeit in der Schule erledigt hat, darf sie euch behilflich sein, wenn sie es möchte. Auch sie ist an Zeiten gebunden, in denen sie sich selbst widmen muß. Wenn ihr sie dann allerdings für eure Belange benutzen wollt, die euch so großartig erscheinen, wird sie gestört. Auch sie hat ihren freien Willen, genau wie ihr. Stellt sie sich dann euch zur Verfügung, ist ihr Lernprogramm unterbrochen und sie vermißt ihr Umfeld. Sie beginnt also immer wieder von vorne, an sich zu arbeiten. Hat sie jedoch ihren Frieden, um sich in ihrer Weise zu betätigen, wird sie euch gerne in der ihr verbleibenden Zeit und in ihrem möglichen Rahmen, der von göttlicher Seite gesteckt wird, behilflich sein. Diese Hilfe erfolgt jedoch oft für euch nicht erkennbar, das heißt, sie zeigt die Hilfe nicht offen, wenn ihr danach verlangt, sondern sie gibt sie oft unbemerkt.
Bei eurer unrechten und bewußten Anrufung drängen sich oft Seelen zwischen euch und eure Lieben, die sich vom Irdischen nicht lösen wollen. So werdet ihr irregeführt, und die Seele, die euch eigentlich helfen möchte, ist sehr traurig, da sie euch nicht erreichen kann. Gott läßt all dies zu, da jede Seele geläutert werden muß. Den Weg bestimmt sie selbst.
Hat nun die geistige Schule unter unserer Führung und unserem Schutze zu einem positiven Ergebnis geführt, und hat sich die Seele von der letzten Inkarnation erholt, beginnt bei ihr der Wunsch zu keimen, wiederum zu inkarnieren.
Nun beginnt die Phase der Vorausschau. Die Seele steckt sich neue Ziele. Erst jetzt erkennt sie, was reali-

stisch und erreichbar sein wird. Wie bereits erwähnt, bestimmen sehr viele Faktoren die nächste Inkarnation oder Wiedergeburt. Um bestimmte karmische Verbindungen zu lösen und gleichzeitig verschiedene Fertigkeiten auszuleben, bedarf es eines Netzes von Verknüpfungen, die selbst eure Computer nicht herstellen könnten. Bedenkt: Ihr müßt in einem einzigen Leben gemäß eurem eigenen Wunsch Tausenden von Menschen begegnen können, und die Lebensumstände müssen geschaffen werden, um ein bestimmtes Werk zu vollenden. Daraus ergibt sich logischerweise, daß auch alle diese Menschen ebenso inkarnieren wollen oder noch inkarniert sein müssen. Diejenigen, die noch inkarniert sind, müssen ein entsprechendes Lebensalter erreichen, um euch in der richtigen Form begegnen zu können. Aber auch sie haben ihr Karma, dem sie nicht entgehen. Ihr seht, welche immense Vorarbeit eure Seele auf der geistigen Ebene zu leisten hat, um euer kleines Menschenleben zu planen. Alles geschieht mit unserer Unterstützung. Ihr seid niemals alleine gelassen mit all euren Aufgaben. Vor der Inkarnation sucht ihr euch bereits eure Helfer aus, die euch im irdischen Leben auf der geistigen Seite betreuen. In Absprache mit ihnen plant und erkennt ihr alles, was euch in der Inkarnation begegnet. Ihr werdet auch gewarnt. Alles ist der Seele in diesem Zustand bewußt, und ihr seid in diesem Moment bereit, all das auf euch zu nehmen, was ihr dann im Irdischen so oft bedauert.
Sind alle Punkte geklärt, die ihr euch erwählt habt für das nächste Leben, beginnt der nächste Schritt. Die Seele sucht sich die Familie aus, in der sie inkarnieren möchte. Es ist immer ein bestimmtes Elternpaar, das die Seele aufnehmen darf und kann.
Ein weiterer wichtiger Punkt ist die Mutter, die durch die Schwangerschaft noch einmal gehen muß, oder

auch nicht. So dürfte euch auch zum Beispiel klar werden, warum manche Elternpaare so lange auf eine Schwangerschaft warten. Die Seele ist noch nicht bereit zu kommen. Auch die ungewollte Schwangerschaft hat ihren Sinn. Für die Seele ist es Zeit zu inkarnieren, da alle Vorzeichen gesetzt sind. Es darf dann nicht gewartet werden, aus welchen Gründen auch immer.
Alles hat seinen Sinn. Nehmen wir an, die Mutter gibt das Kind nach der Geburt zur Adoption frei. Dieser Schritt ist durchaus richtig. Die leibliche Mutter mußte dieser Seele aus karmischen Gründen noch einmal das Leben schenken. Die Adoptivmutter dagegen soll sie durch das Leben begleiten. Auch die Leihmutterschaft hat diesen Sinn.
Zieht sich die Seele nach kurzer Zeit wieder auf die geistige Ebene zurück, zum Beispiel durch eine Fehlgeburt oder den Kindstod, dann solltet ihr versuchen, dafür Verständnis zu erlangen. Die Seele hatte ihre Aufgabe erfüllt. Im Grunde genommen ist es eine Gnade für die Seele. Sie kann euch dann von geistiger Ebene aus beistehen oder gleich wieder neu inkarnieren.

Zum Thema Abtreibung:
Hier gilt es, verschiedene Aspekte zu unterscheiden. Wurde eine Schwangerschaft aus bestimmten Gründen und mit einem bestimmten Ziel eingegangen, ist die neue Seele sehr schnell mit den Eltern verbunden und wähnt sich auf dem besten Wege zu einer erfüllten Inkarnation. Viele Eltern wünschen sich ein Kind aus bestimmten Motiven heraus. So wird schon sehr früh die Verbindung zur geistigen Ebene geknüpft. Wird nun eine solche Schwangerschaft aus niederen Motiven unterbrochen, entsteht neues Karma. Die Seele ist enttäuscht und erlebt sozusagen einen

Schock. Sie muß sich wieder völlig neu orientieren. Es ist so, wie wenn ihr jahrelang studiert hättet und müßtet dann eine ganz andere Arbeit tun.
Entsteht aber eine Schwangerschaft in Verbindung mit Gewalt, Zwang oder in Verhältnissen, die für eine Seele absolut unwürdig sind und die eine Frau niemals dazu veranlaßt hätte, schwanger zu werden, ist die Abtreibung ohne karmische Folgen. Voraussetzung ist allerdings, daß die Frau es mit ihrem Gewissen vereinbaren kann und die Schwangerschaft in jeder Hinsicht ablehnt. Sie muß sozusagen ihr Herz fragen. Aus diesem Grunde befinden wir es nicht als positiv, daß Männer Entscheidungen zu legalen Wegen der Schwangerschaftsunterbrechung treffen.
Wie bereits erwähnt, kann auch eine Inkarnation infolge von Gewalt usw. ein Karma bedeuten und darf nicht vorzeitig beendet werden. Aber keine Angst, alle diese Dinge werden gelenkt und rufen die richtigen Impulse hervor, auch wenn dadurch neues Karma entsteht. Wie oft geschieht es, daß Frauen kurz vor der Abtreibung nochmals umkehren und das Kind doch akzeptieren. Die inkarnierende Seele kann sozusagen bis zum Zeitpunkt der Geburt alles verfolgen. Sie ist losgelöst von Zeit und Raum und kann somit auch jederzeit wieder den Rückzug antreten. In diesem Vakuum befindet sie sich also bis zu dem Zeitpunkt, in dem die Geburt eingeleitet wird. Dann beginnt das neue Karmaprogramm zu arbeiten. Viele Seelen möchten im letzten Moment noch zurückgehen und die Geburt ablehnen. Aber dann ist es zu spät. Oft entsteht dann der erste irdische Kampf, der nicht selten bereits ein Karma mit der Mutter darstellt.
Wenn die Geburt eingeleitet wird, wird die neue Seele im wahrsten Sinne des Wortes zum ersten Mal selbst tätig. Bis dahin wurde sie getragen und ernährt und konnte alles aufnehmen und ansehen. Beginnt sie

aber selbst zu arbeiten, indem sie sich den Weg in die Freiheit bahnt, läuft ihr Karmaprogramm und muß bearbeitet werden. Alte Erinnerungen und Gefühle werden wieder ins Tagesbewußtsein zurückgeholt und bleiben als Geburtstrauma zurück. Fälschlicherweise wird es mit der Geburt in Verbindung gebracht. Richtig gesehen ist es ein altes Programm, das den Grundstein für später legt.
So reiht sich Inkarnation an Inkarnation. Indem ihr versucht, euer verborgenes Programm zu erkunden, könnt ihr es schnellstmöglich bearbeiten und erspart euch viele Wiederholungen.

14. KARMA UND KRISENGEBIETE

Auf der Erde gibt es viele Krisengebiete. Der Mensch von heute glaubt oft, noch nie hätte es so viele Krisengebiete gegeben. Die Erklärung ist ganz einfach. Niemals zuvor gab es eine solche Verbreitung von Information wie heute. Alles wird durch die Medien gespiegelt und weitergetragen. Früher war dies viel schwieriger. Wann konnte man auf der anderen Seite der Erdkugel schon mal erfahren, wo Krieg herrschte? Oft dauerte es Jahre, bis man davon hörte.
Deshalb laßt euch nicht verwirren von der Geschichte. Längst nicht alles ist niedergeschrieben und überliefert, was sich in all den Jahrtausenden abgespielt hat. Früher war das Schicksal der Menschen genau so dramatisch und verheerend wie heute. Macht euch nichts vor. Bemitleidet euch nicht selbst. Alles habt ihr selbst hervorgerufen. Den Samen habt ihr selbst gelegt.
Jeder Krieg, jede Auseinandersetzung hat ihre Ursache und zeigt nun die Wirkung. Warum euer Entsetzen? Aber ihr seht, selbst die jüngste Vergangenheit bringt wenig Resonanz. Alle reden von Frieden und dem Bemühen, gut miteinander auszukommen.
Aber was bedeutet Frieden überhaupt? Habt ihr euch darüber schon einmal aufrichtig Gedanken gemacht? Für viele von euch bedeutet Frieden Waffenstillstand, ein Auseinandergehen, oft mit Zähneknirschen, Rachegedanken im Geheimen, jeder zieht sich in seine Ecke zurück und läßt Gras über die Dinge wachsen. Genauso ist es zeitalterlang vollzogen worden. Frieden herrschte nach jedem Krieg spätestens dann, wenn alle mürbe und kampfunfähig geworden waren. Früher hat man Burgen so lange belagert, bis eine Kapitulation unumgänglich war. Das waren noch Kriege im Kleinformat. Heute droht ihr euch gegensei-

tig mit Atombomben. Früher genügten Keulen, um dem anderen Angst einzujagen. Sieht so euer Frieden aus? Ist Frieden ein Nebeneinanderleben, jeder in seinen Grenzen, ein Eiertanz auf schwelendem Untergrund, ein Kurzzustand der Ruhe, bis der nächste Nachbar mit der Bombe winkt und so versucht, seine ausgetüftelten Ziele zu erreichen? Laßt euch sagen, ihr alle lebt in Krisengebieten, ihr habt es nur noch nicht bemerkt. Auch wenn ihr es nicht wahrhaben wollt, ihr seid euch alle gegenseitig hilflos ausgeliefert. Da nutzt kein Fingerzeig auf Länder, die sich gerade offen bekämpfen und gegenseitig niedermetzeln. Und dann eure edlen Hilfen. Sicherlich tun viele es mit Liebe im Herzen. Es ist auch gut so. Aber denkt doch einmal nach über den Hintergrund. Ist es nicht oft nur die Beruhigung des eigenen Gewissens, ein Buhlen um den eigenen Frieden? Ihr alle, die ihr denkt, ihr lebt im Frieden, solltet mehr tun, die Kriege zu beenden.

Jetzt fragt ihr als erstes, wie ihr das tun könnt. Da laßt mich etwas Grundsätzliches erklären: Wenn ihr denkt, ihr könnt Frieden stiften und Kriege beenden, indem ihr euch mit Gewalt einmischt und ob eurer Machtposition Drohungen aussendet, habt ihr euch gewaltig getäuscht. Die Folge ist unwiderruflich Karma, das ihr euch selbst schafft. Sobald ihr dann in einer eurer nächsten Inkarnationen seid, seid ihr selbst dem Krieg als Opfer ausgesetzt. Nein, liebe Freunde, so einfach ist es nicht. Ihr wißt, daß ein Krieg immer durch Ursache und Wirkung entsteht. Nur kann dieser Kreislauf auf diese Art und Weise nicht beendet werden. Ein Ende ist nur in Sicht, wenn sich die Liebe als Vermittler, oder nennt sie Diplomat, einstellt. Es ist doch ganz einfach. Jeder Krieg wird unweigerlich durch Haß geschürt. Macht er jedoch der Liebe Platz, ist ein Kampf einfach nicht mehr möglich.

Eure Politiker sollten sich bewußt mit diesem Thema auseinandersetzen. Sie mischen sich oft genug in die Kriegsverhandlungen ein, ohne ein brauchbares Ergebnis zu erreichen. Zwar sieht es oft so aus, als wäre viel getan worden, jedoch schwelt der Brand an anderen Ecken schon von neuem. Niemand kann auf diese Weise zwischen Kriegsparteien vermitteln, da die Ursachen, nämlich Haß, Wut und Aggression, nicht beseitigt sind. Ein Zwangsfrieden kann diese Aspekte niemals beseitigen. Dies bedeutet, daß jeder, der an einem Krieg beteiligt ist, seinem Gegner verzeihen und vergeben muß. Er muß im Herzen Frieden und Freundschaft schließen. Erst dann ist das Karma gelöst. Alles andere ist Lug und Trug. Was nützt es euch, wenn einige Staatsmänner über den Frieden in einem Land entscheiden, und sämtliche Soldaten und geschändete Bürger vor Haß zergehen. Glaubt ihr allen Ernstes, so könntet ihr Frieden schaffen? Ihr schafft ihn für den Moment, aber nur so lange, bis er, wenn auch in hundert Jahren, wieder ausbricht. Und genau die gleichen Seelen sind wieder beteiligt. Ihr Menschen müßt euch bewußt werden, daß alle Brüder und Schwestern sind, und daß jedes Individuum das Recht hat, auf dieser Erde zu leben. Ihr habt euch künstlich Grenzen gesetzt, die andere nur mit Erlaubnis übertreten dürfen. Woher nehmt ihr das Recht, eine Materie, die ohne euer Zutun geschaffen und von Gott, dem Vater, verteilt wurde, zu eurem Nutzen, eigenmächtig aufzuteilen und wie euren Augapfel zu verteidigen? Alle haben das gleiche Recht, überall zu leben, und zwar ohne Beschränkungen und Ausweisungen. Ihr habt es nur verpaßt, die Grundlagen dafür zu schaffen. Nur weil sich im Altertum bestimmte Volksscharen in bestimmten Gebieten angesiedelt haben, sind daraus keine Erbrechte an der Mutter Erde entstanden.

Wir waren froh zu sehen, wie ihr euch bemüht habt, ein Europa ohne Grenzen zu schaffen. Es scheint euch nicht zu gelingen. Jeder hat Angst, der andere würde ihm etwas wegnehmen. Habt ihr euch schon einmal Gedanken darüber gemacht, was das soll, sogar von Menschen Geld zu verlangen, wenn sie eure Straßen benutzen dürfen? Und dann wundert ihr euch über Krisengebiete. Ihr schafft sie euch permanent selbst, ohne es zu merken.
Noch privilegierter und vom Schicksal begünstigter fühlen sich die, die auf den Inseln leben beziehungsweise nur über Wasser oder den Luftweg erreichbar sind. Majestätisch blicken sie auf die, die sich ihnen gnädig nähern dürfen und von allen Seiten begutachtet werden können. Dieses Verhalten erinnert an die alten Wikinger. Nicht viel hat sich geändert, außer daß die Zeiten „moderner" geworden sind. Allerdings durfte man sich das Festland nicht aus den Fingern gleiten lassen und hat zu alten Zeiten bereits Kolonien gegründet, die man peinlichst noch heute regiert und kontrolliert. Dieser Kampf um Rechte und Macht ist so alt wie die Menschheit. Dabei hat Gott einzig und alleine das Ziel gehabt, euch eine schöne und liebenswerte Materie zu schaffen, damit ihr euer Karma in Frieden erlösen könnt.

Was könnt ihr also tun, um die Krisengebiete, die sich im Grunde genommen überall befinden, zu beseitigen?
Macht euch immer klar, daß auch ihr, die ihr vermeintlich im Frieden lebt, früher bereits in ähnlichen Situation wart, oder eventuell in eurer nächsten Inkarnation hineingeratet. Deshalb muß es euch allen, die auf der Erde leben, am Herzen liegen, Frieden zu stiften, der aus dem Herzen kommt und nicht künstlich erzeugt ist. Wenn es euch nur allen gelänge, am Tag für einige

Minuten in die Stille zu gehen, und seien es nur zehn Minuten, und auf diesem Wege das Licht des Friedens in die Herzen aller Menschen zu senden, besonders in die Herzen der Menschen, die in einem Kriegsgebiet leben, wäre schon viel getan. Es genügt nicht, Kleidung, Nahrung und Medikamente zu schicken. Sicherlich wird dies alles benötigt. Aber die Liebe muß auch mitgesandt werden. Es muß liebevoll beim Wiederaufbau mitgeholfen werden. Menschen, die sehr gelitten haben, müssen die Möglichkeit bekommen, alles zu verarbeiten und über ihr Leid zu sprechen, damit sie loslassen und verzeihen können. Sonst sterben sie mit dem Haß im Herzen und legen damit den Samen für neue Kriege. Es besteht nur die Gefahr, daß die Mutter Erde nicht mehr so lange stillhalten wird, bis ihr alle zur Vernunft gekommen seid. Dieser Prozeß dauert schon zu lange.
Sehr wenige von euch sind sich der Kraft der Mentalebene, also der Gedankenebene, bewußt. Wenn ihr alle versucht, eure Liebe in Licht zu verwandeln, das ihr sinnvoll einsetzen könnt, ist dies mehr wert als alle Scheinheiligkeit, mit der oft versucht wird, sein Scherflein zur angeblichen Friedensstiftung beizutragen. Sicherlich ist eure materielle Hilfe von großem Nutzen, nur der Haß muß auch bekämpft werden, und nicht nur der menschliche Feind. Wir sagen noch einmal, was bringt es euch, wenn ihr die Drahtzieher eines Krieges einsperrt und bestraft? Der Krieg ist geschehen, und die Menschen, die darunter auf beiden Seiten gelitten haben, sie werden wieder in ein normales Leben geschickt - und was dann?
Sie müssen lernen, wieder zu leben und vor allem zu lieben. Das Endziel ist, daß sie ihre Feinde lieben und ihnen vergeben. Dann ist das Karma gelöst und Kriege gehören der Vergangenheit an. Viele Menschen haben ihren Feinden schon verziehen. Es ist nicht un-

möglich. Leider schafft es der einzelne Mensch nicht immer, da sein Herz gebrochen ist durch sehr viel Leid und Schmerz. Er sieht nur seine momentane Situation. Deshalb ist Hilfe von außen notwendig.
Um in dieser Hinsicht effektiv zu arbeiten, wäre ein gewaltiger Umdenkprozeß in der ganzen Welt notwendig. Diese Menschen in Not werden nach dem Friedensschluß sich selbst überlassen, ohne Hilfe für die Seele. Die materielle Hilfe steht auf einem anderen Blatt. Auch sie ist notwendig, das habe ich schon betont. Um die Seele zu heilen, ist Hilfe von anderer Seite notwendig, und zwar von Menschen, die gefestigt sind und liebevoll auf Hilfsbedürftige zugehen können. Viele Gespräche sind notwendig, Tränen müssen fließen können, das Herz muß heilen, bevor die Liebe wieder Einzug halten kann. Hier könntet ihr weltweit viele Arbeitsplätze schaffen. Schafft Arbeitsplätze für den Frieden, dann werden eure hohen Bevölkerungszahlen rapide abnehmen. Es hört sich vielleicht utopisch an, aber es ist eine Tatsache. Im Kosmos ist genug Platz für alle. Eure Erde kann diesen Massen nicht mehr lange standhalten, die aus den gleichen Gründen immer wiederkommen. Es ist ein absurder Kreislauf, in dem ihr euch befindet. Dabei sind die Auswege so einfach. Aber euer Verstand sucht nur nach Lösungen, die mit Menschenhand zu erreichen sind. Euer Herz ist anscheinend nur ein Organ, das euch am Leben erhält. Wenn es gebrochen ist, kann es nur durch die Liebe heilen. Und nur diese Liebe kann erreichen, daß euer Kreislauf von Tod und Wiedergeburt sich dem Ende neigt.

15. KARMA UND ERWÄHLTE AUFGABEN

Jede Seele, die vor einer Inkarnation steht, muß im Rahmen ihrer Karmaerlösung entscheiden, welche Aufgaben sie im irdischen Leben übernehmen muß und will. Das ist oft eine ziemlich schwere Arbeit, da es viele Komponenten zu beachten gibt.
Bedenkt: Alles, was ihr euch vornehmt, muß erledigt werden. Für euer Leben habt ihr eine festgelegte Zeitspanne zur Verfügung, in der ihr alles aufarbeiten müßt. Wie ihr alle schon festgestellt habt, gibt es gravierende Unterschiede in der Gestaltung von Menschenleben. Manche führen ein friedvolles Leben, das in einem steten Fluß verläuft. Oft wählen Menschen in ihrer frühen Jugend einen Beruf, in dem sie ihre Erfüllung finden bis ins hohe Alter. Sie sind zufrieden und begegnen kaum einem Hindernis in ihrer Laufbahn. Andere, oft Frauen, finden ihre Aufgabe und ihr Glück schon recht früh in der Kindererziehung und der Gründung einer Familie.

Nun aber zu denen, deren Leben in anderen Bahnen verläuft. Bei vielen gestaltet sich schon sehr früh die richtige Berufsfindung als Problem. Sie sind hin- und hergerissen und wissen nicht so recht, in welche Richtung sie gehen sollen. Treffen sie dann eine Entscheidung, sind sie oft unglücklich oder unzufrieden. Vieles wird auch durch Vorgesetzte und Kollegen beeinflußt. Dann gehen sie ruhelos weiter auf ihrem Weg und machen eine Vielzahl von Erfahrungen, die alle eine Kerbe in ihrer Seele hinterlassen. Auch Frauen, die sich einige Zeit ihren Kindern gewidmet haben, werden zu einem bestimmten Zeitpunkt von dem Wunsch ergriffen, wieder am Berufsleben teilzunehmen. Das ist in Ordnung, denn ihr Weg ist so vorgesehen. Deshalb darf niemand verurteilt werden für den Weg, den er beschreiten möchte. Alles hat seinen Sinn. Jeder Lebensabschnitt muß erlebt werden mit all seinen Höhen und Tiefen.

Wenn nun ein Mensch viele Wechsel und Erlebnisse in seinem Berufsleben zu verzeichnen hat, ist dies durchaus positiv zu sehen. Er brauchte diese Erfahrungen, um sein Karma zu erlösen. Alle Menschen, denen er auf seinem Weg begegnet ist, mußten ihn bei seiner Aufgabe begleiten. So hat er sehr viel Karma erlöst und erspart sich neue Wege. Es ist nicht immer einfach. Dieser Mensch muß ständig dazulernen und sich wieder auf „fremde" Menschen, wie er denkt, einstellen. Dagegen sind sie ihm alle vertraut. Deshalb verspürt er auch so viel Sympathie und Antipathie. Ist ein Thema erledigt, darf er weiterwandern.

Viele euer Manager verurteilen es immer noch, wenn ein Mensch sich nur kurze Zeitspannen an einem Ort aufgehalten hat. Aber was zeigt dieses Verhalten? Im Grunde genommen beneiden sie diese Menschen, und sie haben einen gewissen Respekt vor ihrem Charakter. Nicht selten fühlen sie sich ihnen unterlegen, da sie ein gewisses Charisma besitzen. Machten diese Manager jedoch Gebrauch von der Erfahrung dieser Menschen, würden sie in großem Maße bereichert. Eure Zeit ist schnellebig geworden. Niemand kann es sich noch leisten, ein ganzes Leben an einem Platze zu verbringen. Die Zeit drängt. Vieles muß erledigt und abgearbeitet werden. Eure Aufgaben sind vielfältig und fordern den ganzen Einsatz.
Sobald sich Unzufriedenheit einstellt, solltet ihr überlegen und entscheiden, ob es nicht besser wäre, die Position zu wechseln. Nur so könnt ihr im Fluß bleiben und eure geplanten Ziele erreichen.

Wenn Frauen die Phase der Kindererziehung abgeschlossen haben und die Regung verspüren, wieder am Berufsleben teilzunehmen, gebt ihnen eine Chance. Allerdings kann die Chance nur sinnvoll sein, wenn diese Menschen nicht ausgenutzt, sondern rechtmäßig in den Berufsalltag integriert werden. Noch immer wird der Mut dieser Frauen ausgenutzt, und sie werden als billige Arbeitskräfte mißbraucht, die keinerlei soziale Absicherung in eurer Ordnung genießen. Wo liegt hier das Prinzip von Geben und Nehmen? Alle haben das Recht auf die gleichen Behandlungen. Auf diese Art schadet ihr mehr Menschen, als ihr denkt. Zum einen beutet ihr die aus, die willens sind, sich am Wirtschaftsgeschehen zu beteiligen. Zum anderen sind die benachteiligt, die von ihrer Arbeit leben müssen, da sie nicht durch einen Partner versorgt sind. Ihnen entgehen viele gute Chancen. Macht euch bewußt, daß ihr damit gegen das Prinzip der Gleichheit aller Menschen verstoßt.

Und auch alle Jugendlichen müssen eine Möglichkeit bekommen, in ihre Aufgabe hineinzuwachsen. Aus diesem Grunde haben sie dieses Leben gewählt. Es kann nicht von der Willkür einzelner Entscheidungsträger abhängen, ob diese Menschen ihr Lebensziel erreichen dürfen. Seid vorsichtig, euer Weg in ein neues Karma ist schnell gewählt und beschritten.

Schafft neue Aufgabenfelder und macht es den Menschen leichter, sich berufliche Wünsche zu erfüllen. Sie haben ihren Sinn. Was bedeuten schon eure Diplome und Titel? Sind diese Menschen immer in der Lage, der Bedeutung ihrer Aufgabe gerecht zu werden? Gebt auch anderen eine Chance, sich zu verwirklichen. Der Wunsch des Menschen, der aus dem Herzen kommt, ist maßgebend. Ihn sollte er in die Tat umsetzen können. Hat er es versäumt, in seiner Jugend den notwendigen Titel zu erwerben, darf er nicht ausgeschlossen werden. Es muß andere Wege geben, ihn zu fördern.

Würdet ihr alle nach eurem Herzen handeln, wäre viel weniger Unzufriedenheit zu spüren. Auch solltet ihr neue Berufe schaffen. Es herrscht ein gravierender Mangel an Berufen, die sich mit der seelischen Betreuung von Menschen befassen. Jammert nicht, daß so viele Menschen versagen und in Süchte verfallen. Helft ihnen aus ihrer Misere heraus, indem ihr sie richtig betreut. Eure Psychotherapie ist unterbesetzt und führt oft genug am Ziel vorbei. Baut dieses Gebiet aus und gestattet Menschen mit Lebenserfahrung, sich in dieses Aufgabengebiet hineinzuwagen. Sie werden ebenso Erfolge zu verzeichnen haben wie die Menschen, die sich in ihrer Jugend ohne Erfahrung dazu entschlossen haben, auf diesem Gebiet einen Titel zu erwerben. Nicht jeder kann sich ihnen anvertrauen. Ihr seid einfach zu begrenzt, wenn es darum geht, die Arbeit richtig zu verteilen. Wir ermuntern jeden Erdenbürger, sich zu wandeln und neue Gebiete zu erforschen. Gebt allen eine Chance. Ihr helft ihnen, ihr Karma zu erlösen. Ihre Wünsche zeigen die Türen, die sich öffnen, wenn ihr Lebensweg gradlinig beschritten wird. Viele sollen im Alter noch aktiv sein können, um auch da noch Karmaanteile zu erlösen. Jede menschliche Begegnung hat ihren Sinn. Geht mit Elan an eure Aufgaben heran. Umso schneller seid ihr am Ziel.

16. KARMA UND DIE FURCHT VOR DEM TOD

Der Tod hat beim Menschen in allen Epochen Furcht und Entsetzen ausgelöst. Er scheint für die Menschen etwas Endgültiges zu sein. Der Mensch hält an dem Gedanken fest, alles auf Erden Erarbeitete und alles Wissen, das er sich angeeignet hat, sei sein Besitz und unterscheide ihn von anderen Menschen. Je mehr er besitzt, umso intensiver verteidigt er seine Besitztümer. Er sichert sich nach allen Seiten ab, um dem Verlust in jeglicher Weise entgegenzuwirken. Wenn es um sein Wissen geht, das er glaubt, durch überdurchschnittliche Intelligenz anderen Menschen gegenüber oder durch lange Plackerei erlangt zu haben, wird er anmaßend und manchmal überheblich. Er stellt sich auf ein Podest und betrachtet viele seiner Mitmenschen als minderwertig und dafür geeignet, niedere Tätigkeiten auszuüben. Sicherlich ist es in diesem Moment so, daß er tatsächlich durch sein größeres Wissen einen Vorsprung genießt. Allerdings ist dem Menschen der Gedanke nicht gegeben, daß er auch tief fallen könnte. Dies muß sich nicht im selben Leben abspielen. Es kann ihm passieren, daß er im nächsten Leben, aus welchen Gründen auch immer, nicht über einen gewissen Intelligenzgrad hinauskommt. Allerdings könnt ihr auch oft beobachten, wie sehr intelligente und aus diesem Grunde angesehene Menschen plötzlich durch eine Krankheit oder einen Unfall einige Stufen tiefer sinken. Viele ihrer Freunde und früheren Bewunderer entfernen sich dann von ihnen und können nichts mehr mit ihnen anfangen. Um alle diese Aspekte weiß das Unterbewußtsein des Menschen, da er es schon oft genug selbst erlebt hat, aber im Tagesbewußtsein wehrt sich der Mensch gegen diese Tatsachen, da er an dem festhalten möchte, was er erreicht hat.

Gerade für den erfolgreichen Menschen stellt der Tod oft eine Beendigung all seiner Bemühungen und Erfolge dar. Der arme und minderbemittelte Mensch hängt zwar auch an seinem Leben, betrachtet aber in der Regel den Tod mit anderen Augen. Für ihn ist er oft eine Erlösung. Bei vielen reichen Menschen könnt ihr eine gewisse Genußsucht beobachten, die keine Grenzen kennt. Sie bestätigen sich immer wieder ihren Erfolg und ihre Lust am Leben. Diese Lust am Leben ist oftmals an bestimmte irdische Besitze gebunden und nicht an das Bedürfnis, etwas Gutes und für die Menschheit Sinnvolles zu leisten. Dafür ist in der Regel keine Zeit. Erst dann, wenn diese Menschen krank werden, weil ihr Zellenprogramm zu arbeiten beginnt, stellen sich andere Gedanken ein. Viele kommen zur Vernunft, werden geheilt, und führen dann ein anderes Leben. Andere erreichen dieses Ziel nicht. Sie verfallen dann in andere Krankheiten oder Süchte, bis der Moment des Todes erreicht ist.
Dann beginnt für viele ein gnadenloser Kampf. Sie haben entsetzliche Angst, loszulassen und sich von dem zu trennen, was ihr Leben bequem und angenehm gestaltete. Das Materielle übersteigt das Geistige in großem Maße. Viele Seelen, die auf die geistige Ebene wechseln, sind noch so mit dem Irdischen und Materiellen verbunden, daß sie gar nicht bemerken, daß ihr Körper nicht mehr existiert. Da bei manchen Menschen der Todesmoment akut herbeigeführt wird, zum Beispiel durch einen Autounfall oder durch einen Herzstillstand, ist keine Vorbereitung auf den Tod erfolgt. Gerade sie fühlen sich sehr stark mit der Materie verbunden und haben die größten Schwierigkeiten, sich von ihr zu lösen.
Wir auf der geistigen Ebene möchten alle Menschen bitten, sich so einfach und sicher von irdischen Besitztümern zu lösen wie nur möglich. Im Geistigen sind sie

unwichtig. Hier zählt nur das, was die Seele gelernt und erlöst hat. Ihr könnt nichts mitnehmen. Ihr habt einen schönen Spruch geprägt: „Das letzte Hemd hat keine Taschen." Lebt bitte nach diesem Prinzip. Sicherlich ist es euch gegönnt, auf Erden ein schönes Haus und andere schöne Dinge zu besitzen. Aber seht sie nicht als Glücksbringer schlechthin an. Benutzt diese Dinge, so lange ihr könnt, aber löst euch davon, bevor ihr ins Geistige übergeht. Dann seid ihr frei von lästigen Bindungen an die Erde.

Dann habt ihr weniger Furcht vor dem Tod. Der Tod ist ein Neubeginn und eine sinnvolle Einrichtung, die euch dazu befähigt, Bilanz zu ziehen. Habt ihr die Schwelle überschritten, könnt ihr feststellen, daß alle Menschen gleich sind, unabhängig von ihrer Intelligenz auf der Erde. Sie haben nur ein ihrem Fortkommen entsprechendes Leben gewählt und waren daher vielleicht etwas einfacher im Geiste als andere, die ein wirkliches Werk zu vollenden hatten. Alle haben schon einmal ein sehr hochstehendes Leben gelebt und dann wieder ein einfaches, das sie mit anderen Aspekten konfrontierte.

Wenn die Seele dies erkannt und sich von allem Irdischen gelöst hat, wird sie befähigt, sich weiterzuentwickeln, bis sie eine erneute Inkarnation wählt, um noch offene Aufgaben zu übernehmen. Diesmal kann sie sich in einem der ärmsten Länder der Erde abspielen, auch wenn das letzte Leben geprägt war von Wohlstand und Reichtum. Wenn ihr das erkannt habt, verliert ihr die Furcht vor dem Tod.

Viele arme und kranke Menschen sehnen sich nach dem Tod, da er für sie eine Erlösung darstellt. Aber glaubt mir, auch sie spüren sehr oft im Todesmoment eine unerklärliche Angst, da sie nicht wissen, was sie erwartet. Schlimm erscheint es ihnen vor allem dann, wenn sie sehr leiden müssen. Der irdische Körper hängt am Leben, das ist unbestritten. Jeder Atemzug ist ihm heilig. Jeder Eindruck, jeder liebevolle Händedruck will noch gespürt und mitgenommen werden, bis sich die Seele vom Körper löst. Hier ist die Furcht vor dem Tod weniger belastend, da die Seele sehr schnell die Befreiung spürt und sie dankbar annimmt. Dann steht dem Eingehen in die ihr angemessene Sphäre nichts mehr im Wege, vorausgesetzt, die Seele wird von den Hinterbliebenen losgelassen.

Auch die Hinterbliebenen teilen in diesem Moment die Furcht vor dem Tod. Es heißt Abschied nehmen auf unbekannte Zeit. Vieles ist noch zu regeln, viele Worte sind unausgesprochen. Oft ging man im Streit auseinander, oder es herrschten Mißverständnisse. Dann entstehen Trauer und eine gewisse Ohnmacht der Natur gegenüber. Das eigene Verhalten wird oft bedauert, und man wünscht sich den Toten zurück, und sei es nur für einige Minuten, um letzte Klarheit zu schaffen.
Ihr Menschen müßt lernen, daß nichts verloren geht. Im Universum ist alles vorhanden. Eure Akasha verliert nichts. Alles darf wieder bereinigt und aufgelöst werden. Dafür braucht ihr allerdings Geduld. Getrennt seid ihr nie voneinander, nur insofern, als eine Seele im Irdischen und die andere im Geistigen weilt. Aber auch so könnt ihr miteinander kommunizieren. Die Kommunikation allerdings darf nie so erfolgen, daß ihr die Seele , die gegangen ist, daran hindert, sich zu vervollkommnen. Laßt sie in Frieden ziehen, wünscht ihr Ruhe und Licht, entschuldigt euch bei ihr und bittet sie um Hilfe, wenn sie dazu berechtigt ist. Dann ist auf beiden Seiten zunächst der Frieden hergestellt. Jeder hat sein Fortkommen und kann seinen Weg einschlagen. Euer Karma, das unter Umständen entstanden ist, müßt ihr später sowieso wieder in einem Erdenle-

ben erlösen. Daran ist nichts zu ändern. Aber so braucht ihr keine Furcht vor dem Tod mehr zu haben. Ihr werdet immer wieder Gelegenheit und Zeit finden, Unausgesprochenes zu artikulieren.
Alles dreht sich im Rad der Zeit. Verliert die Furcht vor dem Tod. Nehmt ihn an als Wegbereiter für Neues und Interessantes. Haltet nicht an eurem Körper und eurem Besitz fest. Freut euch auf euren Geist und auf das, was euch erwartet. Wenn ihr ein fremdes Land besucht, seid ihr auch neugierig und voller Freude. Geht auch so in das geistige Land der Seele. Dann seid ihr frei und unabhängig.

17. KARMA UND TALENTE AUS FRÜHEREN LEBEN

Wie ich bereits in früheren Kapiteln erwähnt habe, ist in euren Zellen jedes Programm der Vergangenheit gespeichert. Bislang habe ich hauptsächlich von Negativprogammen gesprochen, die im irdischen Leben als Krankheit, Sucht oder Fehltritte jeglicher Art zum Ausdruck kommen.

Aber nicht alles, was gespeichert ist, hat negativen Ursprung. Jeder Mensch hat auch positive Anteile, die er sich über die Inkarnationen hin erworben und verdient hat. Wenn die Seele auf der geistigen Ebene wandelt, hat sie den totalen Überblick über ihre Talente und Fertigkeiten. Sie hat sozusagen die große Auswahl. Vieles habt ihr schon erreicht. Im Irdischen allerdings hindert euch euer Verstand daran, die verborgenen Fähigkeiten zu entdecken und, vor allem, zu nutzen.

Wie bereits erwähnt, meint der menschliche Verstand, er könne nur das in die Tat umsetzen, was er in diesem Leben gelernt oder entdeckt hat. Alles andere bewundert er bei anderen Menschen, oder er versucht im schlimmsten Falle, andere zu kopieren. Dies wird ihm jedoch niemals richtig gelingen.

Würde sich nun jeder einzelne Mensch darum bemühen, zu erfahren, was in ihm verborgen schlummert, hätten viele von euch eine andere Aufgabe, die sie außerdem auch noch glücklich machen würde. Die Kirche hat euch seinerzeit eingehämmert, daß ihr euer Brot im Schweiße eures Angesichts verdienen sollt. Offensichtlich ist dieses Vermächtnis so tief in eurem Unterbewußtsein eingegraben, daß ihr tatsächlich davon überzeugt seid, daß eure Arbeit, die eurem Lebensunterhalt dient, in der Regel eine Strafe darstellt und deshalb nicht mit Freude erledigt werden darf und kann. Ihr denkt, einige Privilegierte

der Gesellschaft haben Rangvorteile und dürfen sich künstlerisch, sportlich oder wie auch immer ausdrücken. Im gleichen Moment beschimpft ihr sie und kritisiert ihre hohen materiellen Verdienste.
Sucht diesen Mißklang in eurem Inneren. Jeder von euch hat die gleichen Chancen. Natürlich können nicht alle Menschen künstlerisch tätig sein. Dann wäre eure Gesellschaft nicht mehr lebensfähig. Es hängt ja auch von eurem Karma ab, das ihr zu leben habt. Aber trotzdem kann jeder sein eigener Künstler sein.
Jeder darf in seinem Rahmen Talente und Fähigkeiten nutzen und ausleben, auch wenn er nicht weltberühmt dadurch wird. Aber wer weiß, viele sind schon durch Zufälle, wie ihr sie nennt, berühmt geworden oder wurden entdeckt.
Fertigkeiten gibt es viele, die sinnvoll genutzt werden können. Wie wundervoll ist es anzusehen, wenn jemand in der Lage ist, einen schönen Garten zu gestalten, in dem die Blumen, Bäume und Tiere harmonisch zusammenleben. Das kann ihm und seinen Mitmenschen schon viel geben. Er kann sich jeden Tag an seinem Kunstwerk freuen. Gleichzeitig wird er merken, wie er glückliche Besucher anzieht, seien es Menschen oder Tiere. Andere wiederum gestalten Wohnstätten mit einer Perfektion, die keiner eurer Architekten nachvollziehen kann. Auch das sind Talente. Viele reiche Menschen müssen sich dafür Hilfe holen. Alle diese Gaben können in euch schlummern. Es ist nie zu spät, sich in solch neu entdeckten Talenten fortzubilden und sie vielleicht zum Beruf zu machen. Ihr braucht nur den Mut dazu. Oftmals hält euch die Angst, zu scheitern schon im Vorfeld von den Absichten ab. Aber habt keine Angst. Etwas, das ihr wirklich gerne tut und das ihr gut nach außen tragen könnt, kann niemals negativ werden, solange ihr eure Kräfte sinnvoll einsetzt.

Nun zum Ursprung aller Dinge. Jede Seele hat schon viele Inkarnationen hinter sich gebracht. Dabei kann man davon ausgehen, daß ihr fast alle Länder der Erde schon einmal kennengelernt habt. Jede Kultur hatte und hat ihre Kunst, die zu allen Zeiten von Menschen dargeboten wurde. Nun müßt ihr euch nur klar machen, daß viele von euch schon einmal sehr schön singen, tanzen, malen, schreiben, gestalten, mathematisch denken, erfinden und vieles mehr konnten. Auch die heilerischen oder medialen Fähigkeiten gehören dazu. Alles hat seinen Ursprung und ist als Wissen in eurem Solarplexus gespeichert. Betrachtet euer Sonnengeflecht als Lagerraum für eure Qualitäten. Dort sind die schönsten Schmuckstücke zu finden, die die Menschheit je hervorgebracht hat. Nun war es zeitalterlang so, daß ein jedes Leben sein Ende fand und die Fähigkeiten, die man erworben hatte, in diesem Moment eingelagert wurden. Geht nun die Seele wieder auf die geistige Ebene, überschaut sie alles, was sie bisher geleistet, erfahren oder auch unterlassen hat. Eines müßt ihr nun bedenken: Nicht immer wurden die Menschen für ihre Talente und Fähigkeiten von der Allgemeinheit geliebt. Viele wurden erst nach ihrem Tode berühmt. Denkt alleine an die Zeit der Inquisition. Wie viele Menschen starben qualvoll, weil man erkannte, daß sie Heilkräfte besaßen. Jesus ging in dieser Sache allen voran. Manche waren einfach nur zu schön in ihrer körperlichen Hülle.

Nun kann es vorkommen, daß eine Seele zwar vor ihrer Inkarnation die Entscheidung trifft, ein altes Talent wieder aufleben zu lassen, da es gerade gut in die neue Epoche paßt. Ein Beispiel hierzu wären gerade die Heilkräfte, die in eurer heutigen Zeit erneut zu Tage treten und von der Schulmedizin nach wie vor belächelt und auch wieder angefeindet werden.

Die Seele hat also die besten Vorsätze vor ihrer Inkarnation. Sobald sie aber in der körperlichen Hülle steckt, ist ihr altes Wissen zum größten Teil nur noch im Solarplexus gespeichert. Mit zunehmendem Alter verblaßt das Erinnerungsvermögen. Kinder im Alter bis zu sieben Jahren haben guten Zugang zu ihrem alten Wissen. Leider werden sie allzu oft belächelt und ins Reich der Phantasie befördert. Würdet ihr sie besser beobachten und fördern, könntet ihr viele Genies entdecken. Aber das erscheint euch ja zu mühsam und der Welt entrückt. Ihr preßt sie lieber in eure abgetragene Uniform des Schulsystems, in dem ihnen jede Kreativität aberzogen wird. Allenfalls gestattet ihr ihnen noch das Malen oder Basteln, aber auch nur unter Anleitung. Wo bleibt die Eigeninitiative? So wächst der junge Mensch mehr und mehr in eure materielle Gesellschaft hinein, paßt sich an und steigt anschließend gut gewappnet mit seinem erlernten Wissen, wie am Anfang beschrieben, in euer dogmatisches System der Existenz ein. Alles, was mit Kunst, Interesse, Spaß oder Talent zu tun hat, wird im günstigsten Fall zum Hobby. Es gehört in die Freizeit und hat dort seinen zeitlich begrenzten Platz.

Was aber, wenn nun ein Mensch im Alter von vierzig Jahren feststellt, daß er ein guter Musiker wäre? Dummerweise hat er den Beruf des Anwaltes gewählt. Er hat sich etwas aufgebaut, hat seine Stellung in der Gesellschaft, seine Familie und seine materielle Sicherheit. Es gibt nun zwei Möglichkeiten. Entweder er betreibt sein Hobby bis zum Lebensende, oder er wird zum Aussteiger und macht sein Hobby zur Berufung. In den seltensten Fällen gelingt es den Menschen, beides erfolgreich zu kombinieren.
Heute stehen viele Menschen vor solchen Entscheidungen. Ihre Seele weiß, daß sie sich eine andere Aufgabe vorgenommen hat, als die, die sie erfüllt. Es kann ein langer Kampf werden, bis diese Menschen

ihren Platz gefunden haben. Dann sind sie dankbar und erfreuen sich ihres Lebens. Bei vielen verschwinden Krankheiten, die sie über Jahre hin begleitet haben. Sie sind freier, ihr Geist bringt plötzlich andere Ergebnisse zustande. Sie finden neue Freunde, die ihnen anders vielleicht nie oder nur unter schwierigen Umständen begegnet wären. Und nicht selten stellt sich auch ein materieller Erfolg ein. Er muß nicht immer zum Reichtum führen, soll es auch manchmal nicht, je nach Lage des Karmas. Sie können aber ohne Sorgen leben. Und das sollte das Wichtigste sein. Dies soll keine Aufforderung an die Menschheit darstellen, sich nur noch künstlerisch oder medial zu betätigen. Wie gesagt, ist bei vielen auch ein arbeitsreiches Leben vorgesehen und kann gar nicht anders gelebt werden. Wo große Familien versorgt werden müssen, kann man nicht zum Leben eines Clochard überwechseln. Aber man kann sein entdecktes Talent, das nicht selten Teil des Karmas ist, wenigstens zum Hobby machen. Auch damit habt ihr oft die Möglichkeit, materiellen Erfolg zu erzielen.

Eure Gesellschaft hat euch sehr engstirnig werden lassen. Man hat für euch schon in Urzeiten einen Rahmen geschaffen, über den ihr einfach selten bereit seid, hinwegzugehen. Es existieren gewisse Regeln, die ihr einzuhalten peinlichst bemüht seid. Auf der einen Seite sind die Erziehung und euer Arbeitssystem angesiedelt, auf der anderen Seite die Vergnügen, Talente und die Freizeit. Beides darf nicht ineinander übergreifen. Sofort habt ihr Angst vor Verlust der Arbeitsmoral. Die große Ausnahme bilden die Menschen, die es bereits früh gelernt haben, aus ihrem Talent einen Beruf zu machen. Viel zu wenig Menschen betrachten ihre tägliche Arbeit als Aufgabe, die sie mit Freude erledigen. Da nutzt es auch nichts, dies

alles als Muß zu betrachten. Krankheiten, Mißgunst, Probleme in der Familie, Beziehungsunfähigkeit, Gewalt und Sucht sind die Folge. All dies ergibt sich logischerweise aus dem Karma.
Da die Seele ihre richtige Bestimmung nicht in allen Einzelheiten erkennt, produzieren die Zellen wiederum ihr Programm und lösen Konflikte aller Art aus, bis die Ursache erkannt wird. Das ist bis heute jedoch in den wenigsten Fällen möglich, da man die Konfliktursachen grundsätzlich im Zusammenleben sucht. Dabei liegen sie viel tiefer vergraben. Es gilt einzig und alleine herauszufinden, wie ihr euer Leben verbessern und in eine Richtung lenken könnt, die euch Freude und Liebe zum Leben verschafft.
Riskiert einen Blick in euren Solarplexus, öffnet langsam die Tür und laßt all eure wunderschönen Schmuckstücke erstrahlen. Dann ist euer Leben lebenswert geworden.

18. KARMA UND FÜHRUNGSQUALITÄTEN

Führungsqualitäten waren schon zu allen Zeiten für die Menschheit von großer Bedeutung. In der Geschichte gab es immer Menschen, ob Männer oder Frauen, die geführt und gelenkt haben. Nicht immer hatten diese Menschen ein Gefühl dafür, die Dinge positiv zu lenken, obwohl sie trotzdem in die Geschichte eingegangen sind.

In eurer heutigen Zeit ist der Begriff Führungsqualität etwas unter sein Niveau gesunken. Ganze Völker verlassen sich auf den Verstand und die Führung einiger weniger Menschen, die den Lauf der Dinge nicht mehr unter Kontrolle zu haben scheinen. Heute ist dem Mißbrauch mehr Tür und Tor geöffnet als jemals zuvor. Zwar werden die Staatsmänner und Politiker des Nachts im Astralbereich von uns geschult und unterrichtet, aber ihr Tagesbewußtsein ist unter dem Druck, den sie sich gegenseitig auferlegen, nicht in der Lage, in der geforderten Form und Zeit damit umzugehen. Die Führungsqualität zeichnet sich nur noch dadurch aus, daß diese Menschen programmierbar sind in Raum und Zeit. Es bleibt ihnen keine Zeit mehr für die Besinnung auf Dinge, die außerhalb ihres Verstandes liegen. In diesem Sinne handeln auch die meisten Menschen, die glauben, über andere bestimmen und herrschen zu können. So sehen heute eure Führungsqualitäten aus. Früher war man wenigstens noch bereit, sich dort Rat zu holen, wo ein anderes Verständnis herrschte. Heute ist alles, was vom Verstand nicht akzeptiert und wahrgenommen werden kann, in den Bereich des Mystischen und Unannehmbaren abgesunken. Eure ganze Wirtschaft, euer ganzer Mechanismus wird hierdurch kontinuierlich zugrunde gerichtet, ganz zu schweigen von der Völkerverständigung untereinander. Niemand ist mehr in der Lage, Gefühle zu zeigen oder ein liebes, persönliches Wort zu wechseln. Immer sitzt die Angst im Nacken, sich eine Blöße zu geben oder Versprechungen zu machen, die man nicht einhalten kann.

Auch in euren Firmen wird so gearbeitet. Wenig Menschen haben Mitspracherecht, wenn es darum geht, wie sie einen großen Teil ihrer Zeit dort verbringen. Führung bedeutet in eurer Gesellschaft leider oft, andere zu überfahren und in ihrer Meinung mundtot zu machen. Je weniger Entscheidungsfreiheit und Mitspracherecht herrschen, umso einfacher ist die Führung. Das fängt schon im Kindesalter an, indem über die Kinder bestimmt wird. Eure sozialen Strukturen sind mittlerweile geprägt von Unzufriedenheit, Mißmut und Neid. Wenn die Grenzen erreicht sind, läßt sich niemand mehr führen. Dann entsteht das Chaos.

Alle diese Aspekte liegen in den Menschen auf karmischer Basis verborgen. Alle sind in die Länder geboren, in denen sie etwas aufzuarbeiten haben. Schon oft genug haben diese Zustände in abgewandelter Form geherrscht. Wenn ihr euch die Menschenrechtsverletzungen in vielen Ländern der Erde anschaut, dürfte euch klar werden, wo die Führung versagt und erheblich zu wünschen übrig läßt. Die sozialen Strukturen sind so verfahren, daß es über kurz oder lang nur noch einer bestimmten Bevölkerungsschicht möglich sein wird, ein sorgenfreies Leben zu führen. Und zu allem Übel werden diesen Menschen die meisten Vorwürfe gemacht. Versagt hat jedoch die Führung, wie schon so oft. Denkt ihr, in Atlantis hätte man anders gewirtschaftet? All diese sich ständig wiederholenden Fehler im Netzwerk des menschlichen Zusammenlebens könnten vermieden werden, wenn sich alle ihrer

Aufgaben bewußt würden. Gerade die Menschen, die sich zur Führung entschlossen haben, sind sich immer noch nicht der Tragweite ihrer Entscheidung bewußt. Sie denken, niemand außer ihnen selbst würde ihr Vorgehen kontrollieren und beurteilen. Wenn sie wüßten, wie sie ihr eigenes Karma ständig bearbeiten und wie sich jeder ihrer Gedanken auf ihr weiteres Fortkommen auswirkt, würden sich viele zurückziehen oder ihr Vorgehen konstruktiv ändern.

Die Weiße Bruderschaft hat sich in Zusammenarbeit mit vielen ihrer Schüler, die mit speziellen Aufgaben in die Inkarnation gegangen sind, zur Mission gemacht, die Situation auf der Erde zu entschärfen und zu verbessern. Leider werden diese Menschen noch nicht so ernst genommen, wie es richtig wäre. Ihre Warnungen werden belächelt, in den Wind geschrieben und als Scharlatanerie abgetan. Seid sicher, sie haben anderen Einblick in den Lauf der Dinge. Zwar wird in dieser Hinsicht kein Unterschied gemacht, aber sie nehmen mehr Informationen mit in ihr Tagesbewußtsein, oder sie haben eine intensivere Verbindung zu uns, die sie mehr wahrnehmen läßt. Aber es ist ja nicht so, daß dieses Wissen nur in Geheimbünden oder in gewissen Kreisen diskutiert und zur Verfügung gestellt würde. Vieles wurde schon geschrieben, vieles wird offen bekundet. Jedoch ist die Allgemeinheit so minimal in der Lage, diesen Dingen auch nur die geringste Beachtung zu schenken, daß es schon fast an Blindheit grenzt, mit der ein Großteil der Menschheit durch die Inkarnationen schreitet.
Sicherlich bewältigen diese Menschen auch ihr Karma, aber sie haben sich in Absprache mit der Weißen Bruderschaft bereit erklärt, zusätzliche Aufgaben zu übernehmen, um den Menschen Klarheit und ein größeres Bewußtsein zu verschaffen.

Sie sollen auf diese Weise bei der Führung der Menschen mitwirken. Wir freuen uns über jeden einzelnen Erdenbürger, der zu einem bestimmten Zeitpunkt über diese Menschen den Kontakt zu uns erhält. Oft stellen sich dann Bewußtseinsveränderungen ein, die Großes bewirken. Es ist manchmal ein mühsamer Weg, bis die richtige Einstellung und Marschrichtung gefunden sind. Aber dann geht dieser Mensch mit anderen Augen durch die Welt und durch sein Leben. Er kommt in konstruktiver Art und Weise mit seinem Karma in direkte Berührung und erlebt den Lauf der Dinge ganz anders. Vieles in der Welt erscheint ihm in einem anderen Licht und findet nicht mehr seine Zustimmung.
Unser Ziel ist die konkrete Bewußtseinsveränderung der gesamten Menschheit, um ihr die Mißstände und die Unsinnigkeit vieler ihrer Lebensinhalte vor Augen zu führen. Menschen können nur richtig geführt werden, wenn die Qualität der Führungskräfte einem Standard entspricht, der geprägt ist von Liebe, Verständnis, Uneigennutz und Verzeihen. Solange eure Führungskräfte noch Kriege veranlassen und ihre Mitmenschen ins soziale Verderben stürzen, wird euer karmischer Fluß ständig genährt und kann nie austrocknen. Zwar verdienen sie sich das meiste Karma durch ihr Handeln, aber auch alle beteiligten Menschen, die sich in dieser Form führen lassen, erlangen ihre Lasten, die sie über viele Leben hinweg wieder abtragen müssen.

Wenn sich jedes Individuum seiner tatsächlichen Aufgaben und karmischen Beweggründe für die Inkarnation bewußt wäre, könnten viele Mißstände gar nicht mehr herrschen, da jeder bestrebt wäre, sich positiv fortzuentwickeln. Die Hauptvoraussetzung dafür besteht natürlich darin, die Negativaspekte grundsätzlich abzulegen. Gerade die Menschen, die sich als Führer der Massen betrachten, selbst der Unternehmer mit fünf Angestellten, sollte sich seiner Verantwortung bewußt werden und seine karmische Verpflichtung kennen. Dann wären viele Probleme gelöst und nicht mehr existent in eurer Welt. Unser größtes Anliegen in diesem Sinne ist es, daß die Menschen wieder lernen, ihre spirituelle Seite wiederzubeleben und auf ihre innere Stimme zu hören. Damit ist die geistige Seite gemeint, die sich ihren Rat aus anderen Ebenen holt. Gerade wenn es um die menschliche, gefühlsmäßige Ebene geht, solltet ihr euren Verstand zeitweise ausschalten, damit ihr wirkliche Führungsqualitäten erlangt.

19. KARMA UND GEISTIGE HILFE

Die menschliche Inkarnation ist der erste Schritt zur Karmaerlösung. Im geistigen Bereich hat die Seele vorher eine intensive Schulung durchlaufen und war sich ihrer neuen Aufgaben im Irdischen voll bewußt. Befindet sich der Mensch nun in der Inkarnation, handelt zunächst sein Verstand in aller Regel vordergründig und ist nicht in der Lage, die Bandbreite seiner Verantwortung zu überblicken.
In der heutigen Zeit ist es dem Menschen infolge vieler Erleichterungen schneller möglich, zur Vernunft und Einsicht zu gelangen, daß da etwas ist, womit er sich intensiv auseinandersetzen sollte. Früher war diese Einsicht an Ereignisse, Visionen oder Hellsichtigkeit geknüpft. Das Leben war kürzer als das heutige und bot lange nicht die Möglichkeiten, die sich jetzt ergeben.
Zunächst hat der Mensch von heute fast immer die Chance, über den Weg der Literatur die ersten Schritte zu unternehmen. Vieles wurde und wird geschrieben, um den Menschen die geistigen Fortschrittsmöglichkeiten zu erklären und näherzubringen. Wer sich damit also auseinandersetzt, ist schon auf dem besten Wege, die für ihn günstigsten und wertvollsten Möglichkeiten zu erkennen. Natürlich entstammt nicht alles einer Feder, die über entsprechendes Hintergrundwissen verfügt, um einen Menschen zur geistigen Arbeit anzuleiten. Aber die gute Literatur ist von der geistigen Ebene beeinflußt und überdauert alle Zeiten, die an ihrer Fassade kratzen könnten. Deshalb ist es sehr wichtig, die guten Bücher herauszufinden, um nicht schon nach den ersten Kapiteln zu resignieren.
Die Literatur allerdings sollte nur Anlaß und Grundlage sein, an sich zu arbeiten. Bedenkt: Die Literatur gibt Anstoß, kann jedoch nicht für euch arbeiten. Ihr müßt

euch darüber klar werden, daß ihr nicht nur inkarniert seid, um Bücher über die geistigen Dinge zu lesen und darüber zu diskutieren. Auch seid ihr nicht nur inkarniert, um euer täglich Brot zu verdienen, eure Krankheiten zu heilen, eure Beziehungen zu erleben und zu überleben, eure Kinder zu erziehen und dann anschließend wieder zu sterben. Dies alles sind Dinge, die unweigerlich zur irdischen Inkarnation gehören und unabänderlich eintreten werden, je nach Lage eures Karmas. Dies könnt ihr nicht verhindern, sondern ihr müßt es erleben. Was vielen von euch nicht bewußt ist, werde ich nun genau erklären.
Eure zweite Lebensschiene soll die geistige Entwicklung sein. Und genau diese Entwicklung kommt in aller Regel viel zu kurz, da ihr euch der Tragweite nicht bewußt seid. Die geistige Entwicklung geschieht zwar auch immer zwischen den Inkarnationen in den verschiedenen Sphären, ist dort jedoch abhängig davon, was ihr auf der Erde geleistet und unterlassen habt. Vieles müßt ihr dort nachholen und aufarbeiten, was ihr auf der Erde bereits hättet erledigen können. Es ist überhaupt nicht schwierig und zeitaufwendig, wenn ihr euch in der Inkarnation mit den geistigen Dingen auseinandersetzen wollt. Sicherlich kann es dazu führen, daß Ihr letzten Endes viel Zeit dafür investiert, aber dann hat es sich gelohnt und ist euer freier Wille. Ihr alle werdet nämlich feststellen, daß diese geistige Beschäftigung viel interessanter und gewinnbringender sein kann als die üblichen Freizeitvergnügungen, denen ihr euch sonst hingebt. Aber auch die sollen nicht zu kurz kommen. Ihr sollt euch des Lebens freuen, Freunde haben, feiern, tanzen, lachen, singen, schöne Stunden erleben und auch die Liebe vollen Herzens genießen.

Es gibt nun verschiedene Wege, sich mit der geistigen Arbeit anzufreunden und den richtigen Weg zu fin-

den. Wer damit beginnt, wird sich schnell einer bestimmten Führung bewußt, die ihn dorthin bringt, wo er gut aufgehoben ist. Denn zwei geistige Gesetze sind unabänderlich. Das erste Gesetz besagt: Ihr müßt die Schritte tun, und wir helfen. Das zweite Gesetz besagt: Der Geist ist immer so frei und so weit, wie ihr ihn gehen laßt. Sobald ein Mensch den Schülerweg angetreten hat und bereit ist, ihn mit vollem Bewußtsein zu gehen, wird er große Erfahrungen machen und sehr schnell unsere Hilfe und Führung spüren. Denn alles wird belohnt. Die geistige Hilfe verlangt keinen Lohn materieller Art, da sie damit nichts anfangen kann. Das einzige, was sie verlangt, ist Hingabe an die Lebensaufgabe, Liebe für die Mitmenschen und die Natur und alle Wesen der Erde und größtes Vertrauen. Ihr werdet sagen, das ist doch alles sehr einfach zu erbringen. Täuscht euch nicht. Je weiter ihr schreitet auf eurem Weg, umso größer werden die Probleme und Prüfungen auf diesem Weg. Vor allem das Vertrauen ist ein Meilenstein, der immer wieder auftaucht und überprüft werden muß. Viele beginnen den Weg leichten Herzens, aber das Vertrauen verläßt sie nach kurzer Zeit, und sie kehren auf ihre alte Ebene zurück. Das ist nicht schlimm und wird auch nicht bestraft. Jeder Mensch hat seinen freien Willen. Dann beginnt er zu einem späteren Zeitpunkt von vorne.
Die geistige Hilfe, die euch zuteil wird, kann sich in vielerlei Form äußern. Ihr stoßt immer auf die Literatur, die euch weiterbringt. Ihr werdet mit Menschen in Kontakt gebracht, die euch wichtige Ratschläge oder Hilfestellung vermitteln. Oft genug sind sie karmisch mit euch verbunden. So habt ihr viel schneller die Möglichkeit, eure karmischen Bindungen zu erleben und zu erlösen, denn alles hängt ja bekanntlich von eurer Bereitschaft ab, diesen Dingen zu begegnen. Also auch darin liegt eine Belohnung. Manchmal hören wir

euch jammern: Warum begegne ich so vielen Menschen, mit denen sich so schwierige Situationen ergeben? Seid dankbar dafür, alles vollzieht sich schneller. Die Begegnungen wären euch auch anders nicht erspart geblieben.

Nach einer gewissen Zeit der Schülerschaft seid ihr dann so weit geschult und wahrnehmungsfähig geworden, daß ihr genau spürt, wo eine Aufgabe oder eine Erlösung lauert. Es ist dann viel einfacher, sie zu akzeptieren. Ihr nennt es Intuition oder innere Stimme. Alles hat seinen Preis. Diese Fähigkeiten können sich nicht entfalten, wenn ihr nicht bereit seid, über euer Alltagsdenken hinauszugehen. Jeder fängt klein an. Das wißt ihr alle. Niemand ist sofort ein Meister auf seinem Gebiet. Es gibt nur ganz wenige Menschen, die bereits als kleine Erdenbürger wissen, welcher Aufgabe sie sich zu stellen haben. Man nennt sie Avatare. Sie gehen freiwillig in eine Inkarnation, um der Menschheit zu helfen. Deshalb werden sie auch von verschiedenen Dingen verschont. Ihr braucht deshalb nicht neidisch zu sein. Sie haben auch schon genug erlebt und abgelöst. Jeder erntet das, was er sät. Alle anderen Menschen inkarnieren mit bestimmten Problematiken und Aufgaben. Viele haben sich schon gut vorgearbeitet und hatten Leben, in denen sie Großes geleistet haben. Deshalb gehen sie dann oftmals als unsere Schüler in die Inkarnationen, wobei sie ihr Karma erlösen und trotzdem die Aufgabe mitnehmen, etwas Gutes an der Menschheit zu vollbringen. Auch sie sind nicht zu beneiden. Sie haben im Grunde genommen doppelte Arbeit übernommen, denn sie müssen oftmals ein ganz normales Leben führen mit allen Anteilen, die sich daraus ergeben. Daneben erhalten sie dann von uns Aufgaben, die viel Energie und Zeit von ihnen fordern. Sie sind jedoch gerne bereit, diesen Weg zu gehen. Je nach Anstrengung werden sie dann auch dafür belohnt. Wenn sie sich weit genug vorgearbeitet haben und vor allem das Vertrauen nicht verlieren, was oft genug harten Prüfungen unterzogen wird, wird ihnen ihr Leben in bestimmten Dingen erleichtert. Auch ihr Körper beginnt sich zu verändern. Sie werden feinstofflicher, fühlen mehr, werden hellsichtig, entwickeln Heilkräfte, ihre innere Stimme wird immer deutlicher, und sie laufen weniger Gefahr, sich zu irren oder Umwege machen zu müssen. All dies verlangt aber einen hohen Preis. Diese Menschen benötigen viel Selbstdisziplin, um das Vertrauen aufrechtzuerhalten. Sie opfern viel Zeit für ihr Fortkommen, was nicht immer materiell ausgeglichen werden kann. Sie verzichten auf vieles. Indem sie viel Zeit in der Meditation verbringen, leben sie zurückgezogen, während ihre Freunde und Familien gesellig beisammensitzen. Sie schätzen diese Dinge auch nicht mehr so sehr, da sie sich gerne zurückziehen und an sich arbeiten. Oft wenden sich andere Menschen um Rat an sie. Auch dies wird nicht immer direkt ausgeglichen. Sehr oft wenden sich auch diese Menschen wieder von ihnen ab, da ihnen das Gesagte nicht immer gefällt oder zu viele Veränderungen bedingen würde. Sind die Voraussetzungen jedoch erfüllt, werden diese Menschen sehr wertvoll für eure Gesellschaft, da sie geistig so weit fortgeschritten sind, um Kontakte feinstofflicher Natur zu knüpfen. Erst dann wird ihnen oftmals ein lange vermißter Lohn zuteil. Sie arbeiten therapeutisch, ob als Heiler, Hellseher, Schreib- oder Sprechmedium, literarisch oder künstlerisch tätiger Mensch, als Therapeut und Helfer bei der Reinkarnationstherapie und vieles mehr. Dies bedeutet dann, daß wir von der geistigen Ebene aus über diese Menschen in direkten Kontakt mit der Menschheit treten können. Wir benötigen also einen Kanal, um uns verständlich und verbal zu artikulieren. Der

Mensch ist abhängig von seinen fünf Sinnen, die ihn wahrnehmen lassen. Unsere geistigen Helfer sind mit „Antennen" ausgestattet, die es ihnen ermöglichen, in andere Sphären zu gehen und dort den Kontakt zu erhalten, ähnlich wie eure Satellitenanlagen oder Fernsehantennen es euch ermöglichen, über weite Entfernungen miteinander zu sprechen oder Bilder zu empfangen.

Genau dies tun unsere Helfer auf der Erde, um sich mit uns auf der geistigen Ebene zu unterhalten. Diese geistige Hilfe kann euch allen zuteil werden. Allerdings ist es vonnöten, den Weg dazu einzuschlagen. Er ist geprägt von Disziplin, Vertrauen, Geduld und Verzicht auf eure Erwartungshaltung. Nur wer nichts erwartet und wünscht, bekommt den Lohn. Hierin liegt der Unterschied zu eurem irdischen Verhalten. Dort seid ihr es gewohnt, für jede Leistung bezahlt und belohnt zu werden. Dies ist auch richtig, denn ihr müßt leben und existieren. Der geistige Weg jedoch beginnt mit Verzicht auf den Lohn. Seht es so: Zunächst ist es die Schülerschaft, die euch zum Meister führt. Habt ihr euch als zuverlässig, gelehrig und demütig erwiesen, werdet ihr selbst zum Meister, nämlich zum Meister über eure Fähigkeiten. Dann werdet ihr auch belohnt. Aber eines müßt ihr bedenken: Auch in der Inkarnation müßt ihr die Fähigkeiten gut einsetzen. Schnell ist dem Mißbrauch Tür und Tor geöffnet. Eure Fähigkeiten, wie auch immer geartet, müssen allen Menschen im richtigen Moment zugänglich sein. Ihr dürft keine Unterschiede machen. Es ist nicht in unserem Sinne, daß ihr auf Kosten anderer Reichtümer ansammelt. Ihr werdet gerecht entlohnt. Dies verlangt jedoch auch Gerechtigkeit den Menschen gegenüber, die auf eure Hilfe angewiesen sind. Auch wir machen keine Unterschiede. Schnell wird aus Fähigkeiten Karma. Bedenkt dies!

20. KARMA UND ERHÖHTE WAHRNEHMUNG

Erhöhte Wahrnehmung ist kein Privileg bestimmter Menschen eurer Gesellschaft. Was bedeutet „erhöhte Wahrnehmung"? Wahrnehmung bedeutet zunächst einmal alles, was ihr mit euren Sinnen erfassen und begreifen könnt. Die Augen, die Nase, die Ohren, das Tasten, das Schmecken sind eure Orientierungshilfen, auf die ihr euch in aller Regel voll verlassen könnt. Damit werden Dinge für euch begreifbar, beweisbar und sichtbar. Der normal entwickelte Mensch ist im Besitz all dieser Orientierungsmerkmale, um sich in seinem Leben vorwärts zu bewegen und sich damit auf sich selbst zu verlassen. All dies bezeichnet man als natürliche Wahrnehmung, die dem Menschen und auch den Tieren angeboren ist. Sie unterlag der Evolution und war bereits vor Urzeiten das Merkmal der Lebewesen.

Nun kommen wir zur erhöhten Wahrnehmung, die entgegen der allgemeinen Meinung ebenso schon vor Urzeiten existierte. In diesem Sinne hat sich jedoch die Menschheit zum großen Teil zurückentwickelt. Erst langsam beginnt man wieder, sich dafür zu interessieren. Ich betone: zu interessieren; die Förderung dieser Eigenschaft ist noch in den Kinderschuhen. Dies alles hat seine Gründe, denn auch hier spielt das Karma eine große und wichtige Rolle. Was bedeutet also erhöht? Erhöht ist immer etwas, das man durch bestimmte Leistung, Forcierung, Konzentration und Anstrengung erlangt. Ein Auto kann auch nur schneller sein als ein anderes, wenn man ihm einen stärkeren Motor einbaut. Dies bedeutet jedoch eine Neu- oder Höherentwicklung des alten Motors. Er bleibt vorhanden und leistet seine Dienste. Der stärkere Motor ist zwar noch der alte geblieben, hat jedoch durch Ein-

schaltung der Intelligenz und des Wissens eine neue Bedeutung und Aufgabe erhalten. Seine Aufgabe wurde erhöht, er ist damit leistungsfähiger geworden. Und genau so verhält es sich mit der menschlichen Wahrnehmung. Beginnt der Mensch auf der geistigen Ebene an sich zu arbeiten, erbringt er eine gewisse Leistung, wodurch sich sein geistiger Motor verstärkt. Dadurch ist er in der Lage, eine zusätzliche Wahrnehmung zu erlangen, die ihm nicht mehr verloren geht, so lange er damit keinen Mißbrauch betreibt und sich weiterhin auf der erarbeiteten Ebene vertrauensvoll bewegt. Dies ist wiederum vergleichbar mit dem Auto. Pflegt man den stärkeren Motor, kann er in seiner Leistung nicht mehr nachlassen.
Diese erhöhte Wahrnehmung existierte, wie bereits erwähnt, schon vor vielen Tausenden von Jahren. Es gab Zeiten, da waren die Menschen so sensibel und an die geistigen Ebenen angeschlossen, daß der direkte Kontakt zwischen der irdischen und der geistigen Welt so leicht und einfach herzustellen war wie ein Telefonat heute. Es war damals sehr einfach, Problemlösungen zu erhalten, die keine Fehltritte bedingten. Jedoch war auch zu allen Zeiten schon dem Mißbrauch kein Stein in den Weg gelegt worden. Der Mensch verstand es schon immer, aus allem einen Vorteil zu ziehen. Und so kam es, daß man diese Wahrnehmungsfähigkeiten sehr oft ausnutzte. Atlantis war aus diesen Gründen unter anderem zum Scheitern verurteilt. Und so begann der Karmaprozeß. Hätte der Mensch alle seine Fähigkeiten immer positiv und zum Wohle aller genutzt, wäre niemals Karma daraus entstanden. So folgten Inkarnationen auf Inkarnationen, in denen man die Wahrnehmung entweder überhaupt nicht spürte, sie positiv nutzte, oder sie auch wieder dem Mißbrauch anheimfiel. Allerdings fehlte den Menschen im Irdischen in der Regel die Möglich-

keit des Rückblickes, um zu erkennen, wo die Ursache für ihr Verhalten lag. So lebte man mit einem Halbwissen, das natürlich niemals richtig und ausreichend verwendbar war. In der heutigen Zeit haben alle Menschen die Chance, auf ihr altes Wissen zurückzugreifen, Fehler wiedergutzumachen und es positiv zu nutzen.

Nichts, was ihr entwickelt, kommt von ungefähr oder ist als neu zu betrachten. Alle eure Fähigkeiten der Wahrnehmung hattet ihr bereits in früheren Leben.
Lange Zeit hat die Kirche durch Dogmen versucht, die erhöhte Wahrnehmung als Frevel, Gotteslästerung und Gefahr für die Allgemeinheit abzustempeln. Das ist ihr auch äußerst gut gelungen. Man wollte sich die Menschen damit untertan und gefügig machen. Wer sich nicht damit zufrieden gab und zuwider handelte, wurde verurteilt, ausgestoßen und nicht selten hingerichtet. Das Mittelalter ist der beste Beweis für dieses Verhalten der Kirche.
Nun dürfte euch auch sehr schnell klar werden, daß so viele Menschen das Gefühl haben, von all diesen möglichen Wahrnehmungen ausgeschlossen zu sein. Sie betrachten die Menschen, die ihnen dies voraus haben, als Übermenschen, als besonders privilegierte Menschen, oft genug als Scharlatane. Das alles sind Vorurteile, die aus den alten Zeiten stammen. Entweder haben sie selbst unter solchen Vorwürfen, Abstempelungen und Gefahren gelitten, oder sie haben andere dafür verurteilt und vielleicht sogar in den Tod geschickt. So wirkt sich hier das Karma aus.
Die erhöhte Wahrnehmung ist kein Privileg. Sie steht allen Menschen zur Verfügung, da alle Menschen gleich geartet sind. Die Frage ist lediglich, inwieweit der Mensch bereit ist, sich damit auseinanderzusetzen. Ist er bereit, sich heute wieder Vorwürfe gefallen

zu lassen? Kann er heute zu allem furchtlos stehen? Läßt ihn der Neid wieder andere beschuldigen? - Kurz, es ist die Frage des Selbstvertrauens. Viele Menschen kennen die Vorstufen der erhöhten Wahrnehmung, zum Beispiel Träume, die sich tatsächlich in der Realität wiederholen; Ahnungen, die sich bestätigen usw. Bereits hier verschließen sich viele ihren eigenen Fähigkeiten, da sie befürchten, von anderen belächelt oder nicht ernst genommen zu werden. Das alles sind Ängste, die tief verwurzelt in euch leben.
Ihr alle müßt lernen, daß euch heute kaum noch etwas passieren kann. Jeder Mensch hat ein Recht darauf, seine Wahrnehmungen zu erfahren und sie auch anzuwenden. Sicherlich hat eure Gesellschaft noch vieles zu lernen. Aber wir auf der geistigen Ebene tun unser Möglichstes, euch dabei zu unterstützen. Wir möchten euch bitten, keine Angst vor diesen Dingen zu haben.

Die erhöhte Wahrnehmung ist für viele von euch heute eine Möglichkeit der Karmaerlösung. Viele, die in früheren Leben Mißbrauch damit getrieben haben, bekommen heute die Möglichkeit, alles wiedergutzumachen. Aber auch viele, die sie zu früheren Zeiten verurteilt haben, werden heute dahin geführt, sie als Hilfe von außen anzunehmen.

Wie kann sich nun erhöhte Wahrnehmung darstellen? Sie hat viele Gesichter. Es kann sich dabei um Hellsichtigkeit jeder Art handeln - um Hellhören, Hellfühlen, die Kraft zu heilen, das Talent zu schreiben, zu singen, zu tanzen, zu malen; um jede Art künstlerischer Ausdruckskraft, die Fähigkeit, als Medium zu dienen, sinnvoll und beratend mit Menschen umzugehen. Oft könnt ihr beobachten, daß all die Menschen, die besondere Fähigkeiten zu haben scheinen, im Moment ihrer Wirkung in eine Art meditativen Zustand geraten. Manche Menschen wissen nach einem Vortrag gar nicht mehr genau, worüber sie überhaupt gesprochen haben. Und gerade hier sei nochmals die Wichtigkeit der Meditation angesprochen. Viele westlich geprägte Menschen sind der Meinung, alles mit ihrem klaren Verstand erfassen und regeln zu können. Das ist so lange richtig, wie die erhöhte Wahrnehmung nicht verlangt und gewünscht ist. Sie erfordert immer eine Konzentration des Geistes auf andere Ebenen. Dies habt ihr leider verlernt und euch aberzogen. Andere Kulturen haben es da leichter. Da ihr aber durch euren Verstand gesteuert werdet, ist es für euch unumgänglich, die ersten Schritte über die Konzentration zu machen. Je weiter ihr fortschreitet, umso schneller erhaltet ihr später den Anschluß und kommt direkter an die erhöhte Wahrnehmung. Dann ist eure innere Stimme wieder so trainiert und aktiv, daß ihr genau unterscheiden könnt, wo ihr euch direkt durch das Nach-Innen-Hören kurzschließen könnt, oder wo ihr noch mehr Konzentration benötigt. So sei immer wieder die Notwendigkeit der Meditation betont. Ihr müßt lernen, den Verstand abzuschalten, um die erhöhte Wahrnehmung zu erlangen. Früher war dies alles kein Problem. Die Menschen wurden nicht abgelenkt. Sie hatten viel längere Ruhephasen, in denen es nur die Stille gab. Die Stille ist euch fremd geworden. Sie macht vielen von euch Angst. Weshalb macht sie euch Angst? Weil ihr das Denken nicht ausschalten könnt. Eure Probleme kreisen dann durch eure Köpfe. Ihr versucht immer wieder, analytisch zu denken und rationale Lösungen zu finden. Die Stille soll eure Wahrnehmung fördern. Dies kann sie jedoch nur, wenn ihr in der Lage seid, die Stille anzunehmen, zu genießen, und vor allem ihr Ergebnis zu akzeptieren. Die Stille bringt immer ein Ergebnis hervor, entgegen euren Vorstellungen. Oftmals sind es Blitzgedanken, plötzliche Erkenntnisse, Erinnerungen, Einsichten und Problemlösungen. All dies hat jedoch nur Gehalt und eine fehlerfreie Basis, wenn euer Verstand dabei in der Ruhephase ist. Sonst arbeitet er wieder rational und kann vieles nicht akzeptieren, da es oftmals nicht in die Norm paßt. Und genau dort werden dann die Fehler vorprogrammiert.

Deshalb ist es wichtig, daß ihr euch so oft wie möglich in Ruhe begebt. Wenn ihr euch nicht wohl fühlt oder krank seid, ist es nicht ratsam, zu arbeiten, weder geistig noch körperlich. Gönnt euch Ruhe, um wieder Kraft zu tanken. Die Ergebnisse allen Wirkens können sonst verfälscht und ungenau sein. Vieles muß wiederholt und berichtigt werden. Körper und Geist möchten sich dann erholen und sind nicht bereit, effektiv zu handeln und zu arbeiten. Jedes Tier legt sich zur Ruhe, wenn es sich nicht wohlfühlt. Es handelt nach seinem Instinkt. Ihr handelt sehr oft nach allgemeinen Normen und vom Verstand geprägten Regeln der Gesellschaft. Ihr hadert mit euch selbst, wenn ihr euch mitten am Tag ausruhen wollt, wo doch alle anderen arbeiten und euch deswegen verurteilen und als faulen Menschen bezeichnen könnten. All dies sind karmische Hintergründe, seid versichert. Lernt, eure erhöhte Wahrnehmung wiederzufinden und zu erkennen. Dann sind Fehler ein Fremdwort.

21. KARMA UND TAGESBEWUßTSEIN

Euer Bewußtsein gliedert sich in zwei verschiedene Bereiche. Der eine Bereich ist das direkte Tagesbewußtsein, der andere das Unterbewußtsein.
Das direkte Tagesbewußtsein wird vom Verstand beeinflußt und gesteuert. Es zeigt euch alles, was sich sofort umsetzen und verstehen läßt, das heißt alles, was ihr nachvollziehen, beweisen und unverzüglich annehmen könnt.
Das Unterbewußtsein speichert alle Daten des direkten Tagesbewußtseins und verknüpft diese mit den Daten, die euch nicht direkt zugänglich sind, da sich euer rationaler Verstand dazwischenschaltet. Also werden dort die Daten des Tagesbewußtseins eures gesamten jetzigen Lebens verbunden mit den Daten, die ihr nachts im Astralbereich aufnehmt, während ihr geistig geschult werdet, und mit den Daten, die ihr aus sämtlichen früheren Inkarnationen gesammelt und zur Verwendung mitgebracht habt.

Nun zurück zum direkten Tagesbewußtsein. Selbstverständlich wird nun vielen Menschen nicht ganz klar sein, was das direkte Tagesbewußtsein mit ihrem Karma zu tun hat, da man doch das Karma in der Regel in das Unterbewußtsein hinabschiebt, um nur ja nicht so oft mit ihm konfrontiert zu werden.
Und genau da seid ihr völlig falsch informiert. In eurem Tagesbewußtsein nämlich läuft ein ständiges Programm ab, das euer Karma immer wieder spiegelt und wachhält. Zwar werdet ihr dies weit von euch zu weisen versuchen, da ihr doch genau nachvollziehen und kontrollieren könnt, was sich in eurem jetzigen Leben abspielt. Nur kennt ihr leider nicht die Hintergründe. Vom ersten Tag eurer Inkarnation an beginnt das Programm zu laufen. Bevor ihr in die Inkarnation

geht, entscheidet die Seele, welche Probleme und unerledigte Themen sie aufzuarbeiten bereit ist. Um diesen Weg gehen zu können, muß natürlich jedem Individuum in jedem Moment seines neuen Lebens sein Karma vor Augen geführt werden. Da gibt es kein Ausruhen und keine Pause. Euer Lebenszeitraum ist so knapp bemessen, daß ihr keine Zeit für unnötige Leerlaufphasen habt. Demzufolge ist euer Tagesbewußtsein vollgepackt mit Karma. Selbstverständlich auch mit positivem Karma, das ich bereits erklärt habe. Denkt nicht, daß ihr nur zu leiden habt in eurem Leben.
Das Tagesbewußtsein nun steht also in direktem Kontakt zum Unterbewußtsein, um in jedem erdenklichen Moment, wenn die Weichen entsprechend gestellt sind, Alarm zu schlagen und ein entsprechendes Karmaanteilchen zu aktivieren. Dann entsteht das, was ihr Probleme nennt. Diese Probleme macht ihr euch also selbst, indem ihr alte Programme neu aktiviert und ihre Bearbeitung verweigert. Ihr tut das, indem ihr in bestimmte Situationen hineingeht, die euch in ähnlicher Form in früheren Leben widerfuhren. Da ihr bereits früher nicht in der Lage gewesen seid, diese Probleme zu lösen, tauchen sie natürlich jetzt wieder auf und bringen euch in die gleiche Misere. Sobald ihr also an ein Problem in eurem jetzigen Leben geratet, solltet ihr euch zunächst die Frage stellen, wo versage ich heute bzw. wo habe ich schon einmal versagt.
Euer Karma kann sich im Grunde genommen gar nicht anders bemerkbar machen als in Problemen, die heute auftauchen, vorausgesetzt, es handelt sich um ein Negativkarma. Das Positivkarma fällt euch ja gar nicht auf. Ihr bezeichnet es als Glück, als Volltreffer oder gute Chancen, im günstigsten Fall als Zufall. Es veranlaßt euch in der Regel auch nicht zum Nachdenken. Um euer Karma zu aktivieren oder anzu-

schauen, müßt ihr euch also gar nicht die Mühe machen und das Unterbewußtsein wachrütteln. Euer Tagesbewußtsein ist sein bester Spiegel. Dort müßt ihr anfangen zu arbeiten. Man könnte es so sehen, daß fast jeder Moment eures Lebens schon einmal existierte. Er ist ein Teil des Planes, den ihr euch zu erfüllen bereit erklärt habt. Also ist es von größter Wichtigkeit, zu beobachten, wie ihr in jedem Moment eures Lebens handelt. Insofern ist vielen Menschen die Tragweite ihrer Inkarnation überhaupt nicht bewußt. Viele leben in den Tag hinein, verdrängen ihre Probleme, flüchten sich in Süchte und gehen den Weg des geringsten Widerstandes. Zu einem gewissen Zeitpunkt dann wundern sie sich, wenn das „Schicksal" erbarmungslos zuschlägt. Schicksal hat in eurem Sprachgebrauch den Hauch von etwas Unabänderlichem, etwas, das auf euch zukommt und euch erhascht, ohne daß ihr etwas dafür könnt. Daran sind dann oft die anderen schuld. Sie verursachen die Verkehrsunfälle, sie überfallen euch des Nachts, sie werfen die Bananenschalen auf die Straße, auf denen ihr dann ausrutscht. Und oft wird eine Krankheit als schweres Schicksal bezeichnet.

Ruft euch die Ursachen für all dies ins Tagesbewußtsein, und nichts erscheint euch mehr als Schicksal. Alles, was ihr erfahrt, hat seine Ursache und seinen Sinn. Nur leider findet ihr sie nicht im heutigen Leben. Stellt die Verbindung her zum Unterbewußtsein, indem ihr überlegt, was ihr wohl falsch macht, damit sich ein altes Programm aktiviert. Hört auf, im Jetzt zu forschen. Natürlich macht ihr heute etwas falsch, sonst würde kein Problem auftauchen. Aber diese Fehler werden von eurem Tagesbewußtsein nicht als Fehler erkannt, jedenfalls in den seltensten Fällen. Und wenn dem so ist, findet ihr immer noch eine Erklärung oder Rechtfertigung für euer Verhalten. Dennoch liegt die

Ursache für alles in der Vergangenheit.
Nochmals: Euer Tagesbewußtsein ist der Spiegel mit allen Höhen und Tiefen für die gespeicherten Programme im Unterbewußtsein, also euer Karma. Selbstverständlich treten diese Programme in einer bestimmten Reihenfolge in euer Leben, denn sonst wäre der Mensch gar nicht lebensfähig. Wäre euch allen die Tragweite eurer Inkarnation von Anfang an bewußt, wäre euer Lebenswille in vielen Fällen gleich null. Alles, was euch tagtäglich begegnet, hat seine Ursache.
Nun werden viele fragen, wie sie das direkte Tagesbewußtsein ausschalten und die Programme entschlüsseln können. Dies ist wiederum ein Problem eures Verstandes, auf den ihr mächtig stolz seid. Je schärfer er arbeitet, je weiter er vorausdenken kann, desto erfreuter seid ihr über euren Freund. Es mag euch in der materiellen Welt teilweise von Nutzen sein, auf der geistigen Ebene macht er euch einen gehörigen Strich durch die Rechnung. Um euch selbst zu erkennen, bedarf es der zeitweiligen Ausschaltung des rationalen Denkens. Damit hat der Mensch im Westen seine Probleme.
Der erste Weg in diese Richtung führt zunächst über eine normale Entspannungsmethode, in der ihr in eine Ruhephase kommt. Dies alleine kostet viele Menschen schon mächtige Überwindung. In dieser Zeit könnte man doch so vieles erledigen. Der Verstand erträgt keine Stille. Seid ihr jedoch schon einmal so weit fortgeschritten, könnt ihr den nächsten Schritt in die Meditation wagen. Um sie korrekt zu praktizieren, bedarf es schon einiger Disziplin. Ihr braucht dafür einen bestimmten Platz, eine bestimmte Tageszeit, eine Atmosphäre und Ruhe. Nach einiger Zeit wird es für euch dann nicht mehr zur Pflicht, sondern ihr beginnt diese Zeit zu genießen.

Dies ist der Zeitpunkt, an dem sich das Tagesbewußtsein gerne verabschiedet. Dann werdet ihr langsam frei im Geiste. Ihr erhaltet viele Impulse aus der geistigen Ebene, ihr versteht plötzlich viele Ursachen ganz von selbst, ihr könnt Bilder empfangen aus euren früheren Leben, die euch die Problematik ganz deutlich machen. Dann könnt ihr im Tagesbewußtsein entscheiden, wie ihr vorgehen wollt. Nicht immer ist es möglich, eine Lösung auch im Tagesbewußtsein zu finden und durchzuführen. Oft müßt ihr „aussteigen" und eventuell mit fremder Hilfe, beispielsweise durch die Rückführung, in diese Leben hineingehen und die Problematik lösen.
Aber nur auf diese Weise ist es möglich, mit dem Tagesbewußtsein so umzugehen, daß ihr nicht ständig an euch selbst scheitert.

22. KARMA UND DER SINN DES LEBENS

Karma ist das Ergebnis früherer irdischer Gegebenheiten, Taten, Unterlassungen, Gedanken und Verhaltensweisen. Jedes Leben ergibt für den Menschen einen Sinn, oder auch nicht. Der Unterschied in den einzelnen Leben besteht darin, daß es Leben gibt, in denen der Sinn bereits sehr früh erkannt und auch entsprechend verfolgt wird. Das ist meistens der Fall, wenn ein Leben relativ problemlos und ohne bemerkenswerte Hindernisse verläuft. Der Mensch ist zufrieden, bemüht sich, in seinem Rahmen zu funktionieren und macht sich wenig Gedanken um eventuelle Miseren oder Problematiken, da sie im Grunde genommen nicht auftauchen. Solche Leben hat jeder Mensch bereits gelebt.

Es kann aber auch sein, daß der Sinn eines Lebens ein anderer ist. Auch dies kann sich sehr früh zeigen. Wenn man zum Beispiel bereits im frühen Kindesalter bemerkt, daß dieser Mensch bestimmte Fähigkeiten und Talente besitzt, kann man ihn fördern und ihm seinen Weg erleichtern und dadurch seinen Lebenssinn offen an den Tag legen und erfüllen. Diese Menschen führen dann ein sehr erfülltes und von Erfolg geprägtes Leben. Natürlich sind auch sie Krankheiten und Verlusten ausgesetzt, allerdings in einer Form, die sie nicht vom Sinn ihres Lebens abhält. Hier handelt es sich oft um ein Karma, das sich nur noch auf verschiedene Zellprogramme bezieht, die im Zusammenhang mit Angehörigen oder engen Freunden stehen. Das eigene Programm ist sehr angenehm und durch frühere Inkarnationen und geistige Schulung verdient. Avatare zum Beispiel befinden sich in einer Inkarnation, in der sie nur eine göttliche Funktion und Aufgabe zu erfüllen haben. Sie tragen kein Karma ab. Natürlich ist ihr Körper auch dem irdischen Verfall, der Alterung

und der Vergiftung eurer Umwelt ausgesetzt, was auch Krankheiten und letzten Endes den Tod bedeutet. Aber so kann man leichter die Sinngebung der Inkarnation erklären.
Der Sinn eines Lebens kann allerdings niemals darin liegen, ohne nachzudenken in den Tag hineinzuleben, materielle Güter und Reichtümer anzuhäufen, Süchte auszuleben und andere hungern zu lassen. Jedes Leben braucht einen Sinn. Wenn ein Mensch mit materiellem Reichtum gesegnet ist, aus welchen Gründen auch immer, sollte er darüber nachdenken, wie er damit umgeht. Er sollte froh und glücklich darüber sein, daß er sich keine materiellen Sorgen zu machen braucht. Gleichzeitig sollte er jedoch auch über den Sinn dessen nachdenken. Es gibt sehr viele Menschen, die Hunger leiden, keine Kleidung und kein Dach über dem Kopf besitzen. Auch Tiere leiden Not. Der Sinn eines solchen Lebens könnte also darin liegen, anderen zu helfen, ohne selbst auf etwas verzichten zu müssen. Es würde ihm immer noch genug bleiben, um ohne Sorgen zu leben, denn diese Art der Hilfe wird immer belohnt.

Auf der anderen Seite gibt es Menschen, die ständig in Unzufriedenheit leben, die krank sind und nicht genesen, die immer wieder ihre Arbeit oder ihren Partner verlieren, in deren Familien nur Streit und Neid herrschen, und von denen manche versuchen, sich das Leben zu nehmen. Seltsamerweise sind das die Menschen, die am häufigsten nach dem Sinn ihres Lebens fragen. Der Mensch wundert sich nämlich nur über Mißstände. Immer dann, wenn es ihm schlecht geht, hinterfragt er. Und genau bei diesen Menschen ist es oft sehr schwer, ihnen den Sinn ihres Lebens zu vermitteln.

Es gibt verschiedene Punkte, die man sorgfältig beachten sollte, um die Sinngebung eines Lebens zu erfassen:

Erstens - In welche Familie wurde der Mensch hineingeboren?
Die Familie hat er sich selbst ausgesucht, um dort ein bestimmtes Programm abzuarbeiten. Hat er sich nun für eine Familie entschieden, in der bereits vor seiner Geburt soziale Mißstände oder Uneinigkeit herrschten, darf er sich nicht beklagen. Es war sein freier Wille, mit diesen Menschen wieder zusammenzutreffen.

Zweitens - Wie ist seine Kindheit verlaufen?
Wurde er bereits als Kind unterdrückt und in seiner Entwicklung beschnitten? Wurde er als Persönlichkeit respektiert oder als unmündig abgetan?

Drittens - Hatte dieser Mensch bereits in der Schule und in der Jugend Probleme, sich durchzusetzen?
Bereits dort zeigt sich das Karma. Der spätere Weg wird sehr intensiv vorbereitet und geprägt. Das alles wird in der Regel gar nicht wahrgenommen, da man die Begriffe Wachstum, Pubertät, Entwicklung usw. geprägt hat. Es gehört einfach dazu.
Natürlich gehört es dazu, aber wenn es so einfach wäre, hätte jeder Mensch die gleichen Probleme. Die Kinder werden gezwungen, in der Schule Bestleistungen zu bringen, obwohl sie vielleicht künstlerisch oder seherisch begabt sind. Die Beziehungen zu Freunden, Schulkameraden und Lehrern zeigen Kapitel auf, die zu bearbeiten sind. Wenn ein Kind in der Schule stört und sich gegen die Autorität auflehnt, hat es Probleme mit der Obrigkeit aus anderen Leben. Es wurde einmal in gröbster Weise unterdrückt und mundtot gemacht. Der Sinn seines Lebens zeichnet sich bereits da

ab. Dann heißt es zu lernen, sich durchzusetzen, seine eigene Meinung zu vertreten, es selbst zu etwas bringen.

Viertens - Jetzt setzt die Erwachsenenphase ein, die natürlich durch die Schule und Bildung stark beeinflußt wird. Gerade hier beginnt die Sinnfindung des Lebens am intensivsten zu arbeiten. Ist ein junger Mensch nun aufgrund der bisherigen Erfahrungen unsicher und wankelmütig, wird er es sehr schwer haben, den Sinn seiner Inkarnation herauszufinden. Denn gerade dann läuft er die größte Gefahr, sich um sein Karma herumzuschleichen, indem er den Weg des geringsten Widerstandes wählt. Der Kampf um den Sinn seines Lebens wurde ihm gegebenenfalls bereits in den Kinderschuhen verwehrt, indem man ihn bevormundete und in eine bestimmte Schablone preßte. Unter dieser Maske bewegt er sich dann vielleicht Jahrzehntelang.

Fünftens - Kurz darauf teilt sich die Erwachsenenphase in zwei Bereiche: Der eine Bereich ist der des Materiellen, des Überlebenskampfes. Der andere ist der Bereich der Gefühle und Beziehungen. Hier treffen zwei Karmabereiche aufeinander. Ist die Front im Materiellen noch nicht geklärt, das heißt, der Mensch hat seine wahre Aufgabe noch nicht gefunden, da er sich in einer Zwangsjacke befindet, und er gerät in die karmischen Kämpfe mit den Partnern, die er sich aus früheren Leben ausgesucht hat, ist die Misere komplett. Da nützt dann auch euer positives Denken nichts mehr. Dieser Mensch steckt in einer Sackgasse. Obwohl sich hier Sinn über Sinn ergibt und zeigt, kann er ihn nicht mehr erkennen, da er nur noch Probleme sieht. Er wechselt Beruf um Beruf, Stelle um Stelle, Partner um Partner. Unter Umständen wird er vollends dahingestreckt, wenn er plötzlich erkennt, daß er sich für das eigene Geschlecht interessiert. Dann droht ihm auch noch der Rausschmiß aus der Gesellschaft. Wie soll dieser Mensch noch den Sinn seiner Inkarnation erkennen?

Sechstens - Hier gibt es nun in der Regel zwei Wege, die diese Menschen einschlagen. Der einfachste Weg ist der, wie die Menschen oft denken, sich in sein Schicksal zu ergeben, sich recht und schlecht durchs Leben zu schlagen, alle anderen zu beneiden, sich in Krankheiten zu ergehen und dankbar für die kleinen Freuden des Lebens zu sein. Diesen Menschen steht ein sehr unruhiges Leben bevor, das in keinster Weise darauf ausgerichtet ist, all das zu bewerkstelligen, was sich die Seele vor der Inkarnation vorgenommen hatte. Man trennt sich von Partnern, von Geschäftspartnern, von Familienmitgliedern und Freunden im Streit, im Haß, in der Eifersucht.
Das bedeutet, man hat seinem Karma zwar ins Auge geblickt, aber eine Erlösung hat nicht stattgefunden. Sind diese Menschen dann alt geworden und einsam genug, kommt nicht selten die Frage nach dem Sinn ihres Lebens. Gerade im Todesmoment, wenn die Seele alles Revue passieren läßt, beobachten wir eine gewisse Traurigkeit über den Verlauf des Lebens. Aber dann ist es zu spät. Deshalb haben viele Seelen Probleme, loszulassen. Die Menschen möchten noch nicht gehen, da ihr Unterbewußtsein weiß, daß sie vieles versäumt haben. Sie haben dann Angst vor Bestrafung. Aber sie bestrafen sich nur selbst, indem sie wieder und wieder inkarnieren, um dieselben Probleme zu lösen.

Der zweite Weg aus dem Dilemma ist sicherlich der schwierigere, aber nur anfangs. Wenn Menschen an einen Punkt geraten, an dem sie nicht mehr weiter wissen und sich Hilfe holen, ist bereits der erste Schritt getan. Heute gibt es viele Möglichkeiten, sich über sein Karma und damit den Sinn des Lebens klarzuwerden. Dann heißt es, arbeiten. Man stellt sehr schnell fest, weshalb man immer wieder an die falschen Partner gerät, immer wieder an den gleichen Typ Mensch; weshalb es im Beruf einfach nicht klappen will; weshalb andere immer besser zu sein scheinen. Man stellt fest, daß man alte Programme aktiviert hat, die dem Menschen immer wieder die gleichen Fehler vor Augen führen, damit er sie endlich nicht mehr macht. Das ist eine Erkenntnis- und Bewußtseinsarbeit, die unter Umständen sehr viel Kraft und Mühe kostet. Aber sie lohnt sich. Der Mensch wird stabiler, ausgeglichener, er erkennt den Sinn seines Lebens. Vielleicht hat er Talente und Fähigkeiten, die er vorher nicht sehen konnte, da er all seine Zeit auf den falschen Wegen zugebracht und mit den falschen Dingen ausgefüllt hat. Jede Misere im Leben eines Menschen hat ihren Sinn, und sie trägt zum Sinn seines Lebens bei, auch wenn es anfangs negativ aussieht. Dieses Negative gilt es auszuschalten. Dann ist positives Denken angebracht und erfolgversprechend.

Würden alle Menschen diesen Weg gehen, wäre jeder sein eigener Lebenskünstler. Solange der Mensch seine Probleme und Miseren rechtfertigt, selbstgerecht mit sich herumträgt und sie auch noch kultiviert, sind die zufriedenen und lebensfrohen Menschen in der Minderheit.

23. KARMA UND DAS WOHL DER ALLGEMEINHEIT

Das Gemeinwohl verschiedener Menschen und Gruppen hängt zum einen vom Karma des einzelnen ab und andererseits vom Karma der Gruppe. Eine Gruppe kann in diesem Fall sein: Eine Familie, ein Familienclan, ein Betrieb, ein Verein, ein Freundeskreis, eine Versammlung von Menschen zu einem bestimmten Zweck, ein ganzes Volk.
Also überall dort, wo sich Menschen zusammenfinden, die in irgendeiner Form in Verbindung miteinander stehen, um einen bestimmten Zweck zu verfolgen, steht das Gemeinwohl im Vordergrund. Dieses kann natürlich nur eine positive Wirkung haben, wenn alle Beteiligten einen entsprechenden Sinn im Zustandekommen ihrer Verbindung sehen.

Was bedeutet Gemeinwohl?
Manchmal sagt ihr, ihr wollt etwas „zum Wohle aller" erreichen. Was wollt ihr erreichen? Ihr wollt erreichen, daß alle mit dem Ergebnis der Verbindung zufrieden sind, alle etwas Positives daraus ziehen und sich gerne wiederfinden. Leider ist es in eurer Gesellschaft so, daß ihr das Gemeinwohl sehr stark eingrenzt. Im Grunde genommen bezieht sich das Gemeinwohl auf alle Menschen der Erde, denn eigentlich sind alle davon betroffen. Ihr aber bezieht es immer nur auf die Situation, in der ihr euch gerade befindet. Aber das ist nicht sehr verwunderlich, denn selbst in euren Verbindungen seid ihr ja oftmals nicht in der Lage, dieses Gemeinwohl zu erreichen. Weshalb? Es ist so, daß jedes Individuum, das sich in einen Verbund einbringt, sein persönliches Karma zu bewältigen hat. Dieses ist zunächst unabhängig vom Verbund. Je intensiver nun die karmische Belastung eines Menschen im Vorfeld ist, umso belasteter fügt er sich natürlich auch in den Verbund

ein. Dies bedeutet, er ist längst nicht so frei und unvoreingenommen wie ein Mensch, der einen großen Teil seines Karmas schon bewältigt hat. In dem Moment, in dem er nun den Verbund betritt, stößt er zwangsläufig zunächst einmal auf Individuen, die in der gleichen Lage sind wie er. Dies ist dann zwar ein allgemeines Problem, aber dennoch personengebunden.
Nun kommt die nächste Phase. Sämtliche Individuen treffen sich, äußerlich gesehen, aus einem bestimmten Grund. Sie verfolgen einen Plan, einen Zweck, ein Ziel, sie wollen etwas Positives erreichen. Dies ergibt sich aus der Thematik des Verbundes. Was allen Beteiligten jedoch völlig unklar ist, wird sehr schnell zur Problematik oder zum Stein des Anstoßes. Jeder Verbund und jedes Zusammentreffen von Menschen hat einen karmischen Sinn und Hintergrund. Das wird jedoch in der Regel nicht erkannt, da der äußere Sinn ganz klar formuliert werden kann. Zu denken gibt die Angelegenheit den Menschen in der Regel erst dann, wenn man sich nicht einig wird, wenn es zu Unfrieden kommt, wenn gegenteilige Meinungen herrschen, wenn Streit ausbricht, Intrigen in Szene gesetzt werden oder sogar Menschen aus der Gemeinschaft ausgeschlossen werden.

Selbst hier betrachtet man den Lauf der Dinge oft noch als Normalität. Der eine ist halt weniger gesellschafts- und gruppenfähig als der andere. Man muß sich doch anpassen. Wer sich nicht dem Beschluß der Mehrheit unterordnen kann, der hat Unrecht und kann gehen. Wo bleibt hier das Gemeinwohl? Auf der Strecke. Aus dem Vorsatz des Gemeinwohles wurde ganz schnell das Wohl derer, die die gleiche Meinung vertreten und in der Überzahl sind. Euer primitives Abstimmungsverfahren fördert dieses Prinzip, mit dem ihr das Wohl aller bzw. derer, die in der Minderheit sind, übergeht.

Nehmen wir als Beispiel eine Familie:
Die Gründung einer Familie hatte früher den Sinn, sich zusammenzutun, um eine Gemeinschaft zu bilden, in der jedes Mitglied gut aufgehoben, versorgt und geliebt ist. Dieses Prinzip gilt heute nur noch in den wenigsten Fällen. Ihr seid selten genug in der Lage zu erkennen, weshalb ihr eigentlich diese Familie gründet und weshalb Kinder in diese Familie geboren werden. Jedes Mitglied hat sein Karma zu erlösen und reiht sich deshalb in diese Familie ein. Jede Problematik, die entsteht, solltet ihr ergründen und nicht bekämpfen oder unterdrücken. Habt ihr dann verzweifelt erreicht, daß einigermaßen Frieden herrscht, auch wenn man den einen oder anderen vorher mundtot machen mußte, wobei ihr den Ausbruch von Krankheiten und Feindschaften bedenkenlos in Kauf nehmt, dann stellt sich oft genug die nächste Misere ein: Ein Fremder stößt zu der Gemeinschaft, ob durch Heirat oder Freundschaft. Das kann natürlich bei den anderen Familienmitgliedern zu gegensätzlichen Reaktionen führen. Dem Vater paßt der Schwiegersohn nicht, den er da bekommt. Die Tochter treibt sich plötzlich mit „Gesindel" herum, das sie in den Abgrund stürzen kann. Niemand fragt sich allen Ernstes, warum gerade dieser Mensch in die Familie geführt wird. Es hat alles seinen Sinn. Was ist die Folge? Streit, Trennung, Haß, Eifersucht usw. Familien zerbrechen an solchen Themen, die nur allzu menschlich sind. Da kann man nicht mehr von Gemeinwohl sprechen, denn beim Gemeinwohl geht es der Gemeinde wohl. Um dieses Wohl zu erreichen, muß die Gemeinde in der Lage sein, ihre karmischen Hintergründe zu erkennen. Zeitalterlang sind die gleichen Menschen in der jeweiligen Epoche mit der gleichen Problematik aufeinandergetroffen.

Nehmen wir als zweites Beispiel einen Betrieb:
Ein Unternehmer hat eines Tages den Impuls oder die Idee gehabt, einen Betrieb zu gründen. Diese Gründung hat einerseits für ihn das Ziel, seine Fähigkeiten an den Tag zu legen und damit seine Existenz zu sichern, andererseits braucht er dazu natürlich auch fähige Mitarbeiter, die zum Zwecke des Gemeinwohles arbeiten, das heißt, diese bringen sich ein, um in der Gemeinschaft zu arbeiten und der Allgemeinheit etwas zu bieten, wovon sie einen Nutzen hat. Niemand verschwendet den geringsten Gedanken daran, daß er sich aus ganz bestimmten Gründen mit diesen Menschen verbindet, um dieses Ziel zu erreichen. Und gerade hier zeigt sich sehr oft das Dilemma, wenn man nicht fähig ist, die Hintergründe zu durchschauen. Jeder Mensch hat seinen freien Willen. Begibt sich jetzt ein Unternehmer auf die Suche nach den für ihn qualifiziertesten Mitarbeitern, ist die Flut der Bewerber meist sehr groß. Im Laufe der Zeit haben sich in eurer Gesellschaft bestimmte Regeln ergeben, nach denen man verfährt. Das Grundprinzip lautet: Den größtmöglichen Erfolg beim geringsten Einsatz zu erreichen. Das bedeutet, man wählt nach rationalen Gesichtspunkten aus. Das Wesen der Menschen ist nach dem Aussehen, der „Fassade" angesiedelt. Wichtig ist das Können, die Bildung, das Äußere, erst dann kommt der Mensch als solcher. Und der zeigt sich erst, nachdem er sich in die Gemeinschaft begeben hat. So treffen verschiedene Charaktere aufeinander, die unter Umständen in ihrem Wesen überhaupt nicht miteinander harmonieren. Geschickt werden immer Bewerber, die etwas Karmisches zu erledigen haben. Bei manchen genügt die Unterhaltung mit dem Unternehmer, bei anderen ist das Zusammentreffen für eine bestimmte Zeit unerläßlich. Wäre man nun in der Lage, die optimale Auswahl zu treffen, be-

stünde eine viel bessere Chance, das Gemeinwohl zu erreichen. Sicherlich ist immer eine Karmabearbeitung angesagt, aber sie kann auch positiv sein.
In vielen Betrieben tritt das Gemeinwohl sehr schnell in den Hintergrund. Menschen, die augenscheinlich überhaupt nicht zusammenpassen, müssen die größte Zeit des Tages miteinander verbringen und sollen dabei auch noch größtmögliche Ergebnisse erzielen. Um hier das Gemeinwohl zu erreichen, ist eine starke Menschlichkeit vonnöten. Probleme müssen diskutiert und gelöst, Differenzen geklärt werden. Antipathien müssen in Achtung verwandelt, sogenannte Faulheit auf Kosten anderer in Aktivität gewandelt werden. Aber was passiert? Menschen, die sich auf Kosten ihrer Gesundheit und ihrer Seele nicht anpassen, werden hinausgeekelt oder entlassen, von den anderen gemieden oder belächelt, man redet schlecht über sie oder intrigiert. Dies alles wird von eurer Überflußgesellschaft begünstigt. Es gibt ja genug Ersatz. Statt Karma zu bearbeiten und zu erlösen, wird ständig neues Karma geschaffen, und das Gemeinwohl ist nicht mehr das Thema der Verbindung von Menschen. Und so zieht sich dieses Problem durch eure ganze Gesellschaft. Jedes Volk bildet seine Randgruppen, stößt seinesgleichen aus, und privilegierte Gruppen arbeiten in ihre eigene Tasche.
Das Gemeinwohl beschränkt sich damit auf ausgewählte Minderheiten.
Es kann aber nicht sein, daß das Gemeinwohl davon abhängt, ob sich Menschen anderen unterordnen und ihre Lebensaufgabe vernachlässigen. Das Gemeinwohl dient dazu, allen Menschen die Chance zu geben, das gleiche Ziel zu erreichen, auch wenn viele Inkarnationen notwendig sind. Es ist wichtig, daß ihr alle erkennt, weshalb ihr wieder einen Körper angenommen habt und in eine gewissen Situation hinein-

gegangen seid. Jeder muß für sich alleine erkennen, worin in jedem Moment und in jeder Situation seine Aufgabe liegt. Wir wissen, wie schwierig es ist, im Alltag immer wieder zu hinterfragen, was der Sinn eines Umstandes ist, aber hier gibt es keine andere Alternative. Eure innere Stimme ist euch immer ein guter Berater auf diesem Weg. Lernt, sie zu hören und ihren Rat zu beherzigen. Dann macht ihr weniger Fehler. Wenn es euch schwerfällt, sie anfangs zu erkennen, nehmt fremde Hilfe in Anspruch von Menschen, die durch uns dazu befähigt wurden, eure Helfer zu sein auf dem Weg zum Gemeinwohl. Nicht jeder hochgradig gebildete Mensch, auch wenn er noch so lange studiert hat, besitzt die Gabe des Wissens und Sehens. Die Intuition ist euer bester Ratgeber, und kein einstudiertes Wissen der Welt kann sie ersetzen.

24. KARMA UND HÖRIGKEIT

Es gibt Menschen in eurer Gesellschaft, die man als hörig bezeichnet. Was bedeutet Hörigkeit?
Ein höriger Mensch ist in euren Augen vom Willen her unfähig, ein eigenständiges Leben zu führen. Er setzt sich dem Willen oder der Willkür eines anderen Menschen aus. Teilweise werden diese Menschen sehr belächelt, hält man sie doch schlichtweg für kindisch oder sogar verrückt. Sie unterliegen anderen Menschen, sind nicht in der Lage, sich zu behaupten, sich aus dem Bann eines diktatorischen oder ausbeutenden Menschen zu befreien. Sie werden dominiert. Und dies lassen sie eurer Meinung nach auch noch gerne zu.

Hörigkeit ist ein primitiver Ausdruck, mit dem diese Menschen zusätzlich degradiert werden. Welche Ratschläge gebt ihr normalerweise diesen Menschen? „Warum löst du dich nicht?" „Weshalb trennst du dich nicht?" „Laß dir das nicht gefallen!" „Wehre dich!" „Mach es doch genauso!" „Schlag zurück!"
Dennoch sind diese Menschen manchmal ihr ganzes Leben lang nicht bereit, Schritte zu ihrer Befreiung zu machen. Schaffen sie es dann irgendwann doch, sind sie meistens für die Gesellschaft unbrauchbar geworden, da sie jede Art von Vertrauen in ihre Mitmenschen verloren haben. Dann werden sie endgültig zu Außenseitern.

Wie nun äußert sich Hörigkeit?
Der Regelfall ist die Hörigkeit in der Partnerschaft. Einer der Partner nimmt sich alle Rechte, der andere übt die Pflichten aus, wird betrogen, ausgebeutet, lächerlich gemacht und seelisch und sogar körperlich mit Füßen getreten. Seltsamerweise hat nun jeder der Be-

teiligten für dieses Verhalten seine Begründung und Rechtfertigung. Der eine fühlt sich überlegen und über alle Maßen geliebt. Er kann doch nichts dafür, daß er so ist. Er braucht halt seine Freiheit, da muß der andere halt nachgeben. Der andere kann auch nichts dafür, daß er so liebt. Ihm ist es lieber so, als einsam und verlassen zu sein.

Viele der Außenstehenden üben scharfe Kritik, können dieses Verhalten auf beiden Seiten nicht begreifen und verurteilen im Grunde genommen beide Partner. Sie werden ja auch oft genug damit konfrontiert, denn ohne Kampf und Freunde, die man braucht, um seine Frustration über den Zustand abzubauen, kommt man nicht aus. Und immer wieder wechseln sich die oben beschriebenen Argumente und Lösungsvorschläge ab - leider in der Regel ohne nennenswerten Erfolg, denn kommt es tatsächlich zu einer Trennung, sieht man kurze Zeit später, daß sich die gleiche Situation mit einem neuen Partner wiederholt. Die Trennung als solche hatte also nur den Partnerwechsel zur Folge, nicht die Bekämpfung der Misere.

Und genau hier setzt wiederum die Erfüllung oder Erlösung des Karmas an. Hier wurde nämlich wieder nicht die Ursache gefunden und bekämpft, sondern nur die Wirkung verlagert. Wieviele Frauen flüchten vor ihren Männern in die Frauenhäuser, nachdem sie jahrelang das Martyrium der Hörigkeit ausgehalten und schließlich resigniert haben. Gehen sie dann wieder ihrer eigenen Wege, geraten sie entweder an den gleichen Typ Mann, oder sie beschränken sich so in ihrer Person, daß sie genau das Extrem wählen, um selbst die Oberhand zu gewinnen. Dann hält sich die Hörigkeit sozusagen die Waage. Auch hier haben wir wieder das Prinzip der Opfer- und Täterrolle. Es ist vollkommen egal, in welcher Rolle sich ein Mensch befindet, die Ursache ist immer die gleiche. Das Prinzip hat sich nicht geändert.

Um einen Menschen von der Hörigkeit zu heilen, bedarf es sehr oft harter Arbeit, vor allem Bewußtseinsarbeit. Diese Menschen sehen nämlich ihr Dilemma oftmals lange Zeit nicht ein. Sie hängen an ihrer Partnerschaft, lassen sich demütigen und ausnutzen, bis sie oft kurz vor dem Selbstmord stehen. Und selbst dann sprechen sie noch von Liebe und Angst vor dem Verlassenwerden. Wie soll man sie dann davon überzeugen, daß sie etwas falsch machen? Für sie ist die Liebe doch etwas Positives, auch wenn sie ihr Gesicht dabei verlieren. Immer noch besser, als alleine zu sein. Der Selbstmord ist dann oft die einzige Lösung, denn dann muß man nicht mehr leiden, sondern kann noch eine lange Spur der Bestrafung hinter sich herziehen. Er ist sozusagen der letzte Liebesakt, damit der andere endlich auch einmal leidet, und sei es an Schuldgefühlen.

Die Ursache für die Hörigkeit liegt immer in früheren Leben. Sie ist ein hartes Karma, und die Menschen sind eindeutig als hilfsbedürftig anzusehen. Aber sie müssen Hilfe annehmen. Auch hier steht der freie Wille im Vordergrund. Es gibt Menschen, die gerne leiden, vor allem aus Liebe. Bei anderen wird irgendwann aus Liebe Haß. Dann ist die Chance eher gegeben, die Ursache zu bekämpfen. Meistens haben diese Menschen in früheren Leben andere versklavt, gefoltert, mundtot gemacht, böswillig betrogen oder unter Androhung des Todes zu bestimmten Dingen oder Taten gezwungen. Sie haben andere Menschen in

ihrem freien Willen beschnitten oder ihnen diesen genommen. Gerade die Inquisition hat dieses Karma sehr begünstigt. In Atlantis wurde u. a. die Basis dafür gelegt.
Gerade in diesen Situationen fehlt sehr oft die Bereitschaft, die Ursache in dieser Richtung zu suchen, da man den anderen doch liebt oder unter Drohungen gezwungen wird, die Beziehung aufrechtzuerhalten. Man selbst hat doch gar nichts getan. Im Grunde genommen erfolgt schon hier die Selbstbestrafung für die vergangenen Taten. Allerdings fehlen die Einsicht und Erkenntnis, damit endlich die Auflösung stattfinden könnte. Gelingt es, solche Menschen in ein früheres Leben zurückzuführen und ihnen die Zusammenhänge vor Augen zu führen, entwickeln sie sich zu selbständigen, verantwortungsbewußten Menschen, die durchaus dazu fähig sind, ihr Leben in den Griff zu bekommen. Nur dann kann das Zellenprogramm inaktiv werden, damit die künftige Partnerwahl positiv ausfällt. Außerdem muß man bedenken, daß mit dieser Heilung und Karmaerlösung in den häufigsten Fällen die Trennung vom bisherigen Partner einhergeht. Auch dazu muß die Bereitschaft gegeben sein. All dies darf nicht mehr vom Verstand, sondern nur noch von der Seele gesteuert werden und würde eure Selbstmordraten mit Sicherheit verringern.

25. KARMA UND JAHRESEREIGNISSE

In jedem Jahr der menschlichen Geschichte gibt es bestimmte Ereignisse, die erwähnenswert sind. Es sind Ereignisse, die positive oder negative Auswirkungen auf euer Miteinander haben. Manchmal sind nur wenige Menschen davon betroffen, ein anderes Mal sehr viele Menschen oder sogar ganze Völker.

Alle diese Ereignisse haben einen bestimmten Sinn und sind, wie das normale Leben, notwendig, um bestimmte karmische Abläufe zu garantieren und eventuell sogar zu beschleunigen. Nehmen wir einige Beispiele:

Beginnen wir mit einem positiven Fall:
Im Rahmen eurer Forschung, Wissenschaft und Technik werden häufig für gute Resultate, Erfindungen usw. Auszeichnungen verliehen und Ehrungen vorgenommen. Bereits viele Jugendliche erzielen heute großartige Ergebnisse auf diesen Gebieten und erhalten schon in jungem Alter Preise für ihre geleistete Arbeit. Das ist ein Erfolg, der sich über Inkarnationen hin gebildet und manifestiert hat. In diesem Leben ist die Seele dann bereit, endlich den Lohn dafür zu bekommen. Es ist nichts Außergewöhnliches, auch wenn ihr es als solches betrachtet. Sicherlich steht diesem Menschen entsprechende Beachtung zu, aber er hat lange sehr hart dafür gearbeitet, auch wenn er vielleicht erst fünfzehn Jahre alt ist. Über viele Leben hinweg hat er an dieser Idee gewirkt, viele Entbehrungen in Kauf genommen und leider oft versagt. Durch die geistige Schule dann wurde er letztendlich darauf vorbereitet, in dieser Inkarnation das Beste daraus zu machen. Deshalb ist es wichtig, die Auswirkungen solcher Erfolge zu beachten. Ist der Erfolg erst einmal da, wird die Seele auch geprüft, wie sie damit umgeht, ob sie sich

anderen Menschen gegenüber als überheblich zeigt, andere deswegen übervorteilt oder so negativ damit umgeht, daß letzten Endes ein Schaden für sie und die Allgemeinheit daraus entstehen könnte. Ihr müßt wissen, daß es viele Erfindungen gibt, die erst dann eingesetzt werden können, wenn ein dringender Bedarf dafür besteht, wie etwa bei eurer Umweltverschmutzung. Nun könnte es für einen solchen Menschen naheliegen, weiterhin auf eine entsprechende Verschmutzung zu hoffen, damit seine Erfindung gewinnbringend eingesetzt werden kann. Allein diese Vorstellung bewirkt für die Seele ein neues Karma. Sinn und Zweck der Erfindung wäre nämlich die Beseitigung der Verschmutzung. Sicherlich würde die Erfindung dann irgendwann nicht mehr gebraucht, aber der Lohn dafür wäre ein neues Produkt seines Intellektes.

Ein Produkt in diesem Sinne war die Atombombe. Die Erfinder dieses Schreckgespenstes haben sich ein Karma aufgeladen, das lange Zeit braucht, um sich wieder aufzulösen, da die Existenz der Bombe ganze Völker in Angst und Schrecken versetzt. Jede Waffe, die erfunden und eingeführt wird, produziert neues Karma.
Über das Ereignis Krieg möchte ich hier nicht noch einmal sprechen, da es bereits abgehandelt wurde.

Gehen wir jetzt in einem Beispiel von der Allgemeinheit zum einzelnen, denn jeder Mensch erlebt in einem Jahr mindestens ein Ereignis, das ihn oder seine Lebensumstände beeinflußt oder verändert.
Nehmen wird das Kind, das zur Schule geht.
Für dieses Kind ändert sich mit dem Schulbeginn das ganze Leben. Nun tritt es in eine andere Phase ein, in der es intensiver als je zuvor mit seinem Karma konfrontiert wird. Neue Menschen begegnen ihm, mit denen es

sich auseinandersetzen muß, um sein Ziel zu erreichen. Für einen anderen kann ein großes Jahresereignis seine erste Reise ins Ausland sein. Er lernt neue Kulturen und Menschen kennen. Plötzlich kommt er an einen Ort, der ihm ganz vertraut ist, obwohl er noch nie in seinem Leben dort war. Er findet neue Freunde. Sie sprechen eine andere Sprache, und dennoch hat er das Gefühl, sie schon ewig zu kennen. Manchmal erhält er durch diese Erlebnisse neue Erkenntnisse, die ihm in seinem weiteren Leben große Vorteile bringen. Diese Begegnungen und Reisen müssen sein, damit der Mensch sich wieder auf der Erde heimisch fühlen kann, denn sein Unterbewußtsein weiß: Hier war ich schon einmal zu Hause, hier habe ich schon einmal etwas erlebt, das mich geprägt hat.

Bei anderen Menschen kann ein entscheidendes Jahresereignis ein Unfall oder eine Situation sein, der bzw. die ihr ganzes Leben verändert. Manche werden so gezwungen, beruflich neue Wege zu gehen. Vielleicht verlieren sie schuldlos ihre Arbeit. Zunächst hadern sie mit dem Schicksal, erkennen dann aber später die Notwendigkeit dieser Geschehnisse. Wäre ihnen das alles nicht widerfahren, hätten sie niemals einen neuen Weg eingeschlagen. Oder sie werden durch eine Krankheit oder eine Allergie gezwungen, den Beruf zu wechseln. Der Körper wehrt sich dann in Verbindung mit dem Unterbewußtsein gegen eingefahrene Wege, damit die Seele weiterkommt. Oftmals sieht zunächst alles hoffnungslos und unrealisierbar aus, aber sehr bald lichten sich die Wolken und Hilfe kommt.

Andere Menschen haben in einem Jahr unverhofft Glück. Sie finden den lang ersehnten Partner, ohne darauf vorbereitet zu sein. Dieser reißt sie aus alten, erlösten Beziehungen oder Lebensbahnen heraus, um sie einer neuen Bestimmung und Karmabearbeitung zuzuführen. Das bedeutet, alte Gebäude einreißen, neue erbauen. Der Preis dafür ist oft sehr hoch, aber der Gewinn ist ein vielfacher. Nicht immer bedeutet Glück Ausruhen und ein Leben ohne Komplikationen. Oftmals muß man sich das Glück durch viele Brücken, die zu überqueren sind, sichern.

Andere Menschen erhalten unverhofft materielles Glück. Sie machen große Gewinne und schwimmen plötzlich im Geld. Dann kommt es darauf an, wie sie damit umgehen. Oft gilt das Prinzip: Wie gewonnen, so zerronnen. Wenn alle Schulden bezahlt sind, ist es wichtig, mit dem verbleibenden Rest etwas Gutes zu tun. Es gibt immer Bedürftige, die man an seinem Glück teilhaben lassen kann, und wenn es jemand aus der eigenen Familie ist. Wird das Vermögen jedoch sinnlos ausgegeben, während andere hungern, wird es nicht erhalten bleiben. Sehr oft müssen diese Menschen wieder in ärmste Verhältnisse inkarnieren.

Ihr seht, alles, was sich in einem Jahr ereignet, das Aufsehen erregt, ob im großen oder kleinen Stil, hat seine Auswirkungen auf die Menschen und ihr Karma. Alles hat seinen Sinn.

Jedes positive Ereignis muß positiv bleiben, und jedes negative Ereignis muß positiv werden. Im Grunde genommen ist die Anstrengung die gleiche, denn das Positive zu erhalten kann genauso schwer werden, wie das Positive entstehen zu lassen. Ist aus dem Negativen erst einmal das Positive geworden, muß man es erhalten. Also bedeutet jedes Ereignis eine unendliche Arbeit der Wandlung und Erhaltung. Deshalb sollte man die positiven Ereignisse nicht als weniger aufwendig betrachten als die negativen. Sie werfen oft erst später ihre Schatten.

26. KARMA UND IRDISCHE OHNMACHT

Viele Menschen geraten in ihrem Leben in Zustände oder Situationen, aus denen sie keinen Ausweg mehr finden. Trotz größter Anstrengungen gelingt es ihnen nicht, eine Lösung zu finden. Womit hängt das zusammen?

In euren Inkarnationen gibt es Problematiken, die sich immer wieder in derselben Form, der jeweiligen Epoche angepaßt, wiederholen. Dieser Mensch hat, wie ihr sagt, einen „wunden Punkt". Jedes Leben bietet eine andere Variante, aber das Kernthema ist immer das gleiche. Je öfter dieser Mensch sich mit diesem Thema beschäftigt hat, desto intensiver hat er die Möglichkeit, in seine Problematik einzusteigen; er hat sich schon an sein Problem gewöhnt. Es ist für ihn gar nicht mehr so schlimm. Für andere, außenstehende Menschen mag es viel gravierender erscheinen als für ihn selbst. Das bedeutet, er hat sich in eine gewisse Ohnmacht geflüchtet. Er gibt sich seinem Problem hin. Zu bestimmten Zeiten in seinen Inkarnationen erscheint es ihm zwar unerträglich, oder es belastet ihn stärker als sonst, aber er hat sich damit arrangiert, er hat es in sein Leben integriert. Kommt es dann zu Diskussionen mit Familienmitgliedern, Kollegen, Freunden oder sogar Feinden, bezeichnet er das Problem nicht selten als Charaktereigenschaft, im günstigsten Fall als Markenzeichen seiner selbst.

Nehmen wir das Beispiel Feigheit. Dieses Wort hat für euch eine sehr negative Bedeutung. Aber was heißt Feigheit? Feigheit ist im Grunde genommen nichts anderes als die Flucht vor der Bewältigung eines Problems. Ein Mensch akzeptiert, daß er sich selbst bewußt Grenzen setzt und diese nicht überschreitet, da er dafür Mut braucht. Kommt er an alte karmische Punkte, durch die er vielleicht einmal scheiterte, weil er sehr viel Mut zeigte, der jedoch falsch verstanden wurde, tritt er den Rückzug an, oder er macht bewußt Fehler, um einer Richtigstellung seines alten Programmes zu entgehen. Das mag für euch schwer zu verstehen sein.

Der logische Menschenverstand sagt euch sicherlich, daß er doch genau da ansetzen müßte, um die Lösung zu finden. Für einen Außenstehenden ist dies auch überaus logisch. Der Betroffene allerdings liefert sich regelmäßig seiner persönlichen Ohnmacht aus, die für ihn einen Schutz darstellt. Solange jemand ohnmächtig ist, kann er nicht reagieren. Ohnmacht bedeutet soviel wie Bewußtlosigkeit. Ist ein Mensch bewußt-los, kann niemand etwas von ihm fordern, da er nicht reagieren kann, er hat also in diesem Moment keine Aufgabe. Also habt ihr das Wort Ohnmacht geprägt, um damit auszudrücken: Ich bin „ohne Macht", - kann nichts tun. Dabei habt ihr nicht bedacht, daß ihr nichts tun könnt, weil euch das entsprechende Bewußtsein fehlt.

Ein Kind, das eine sehr strenge Erziehung genießt, empfindet bereits im frühesten Alter eine entsetzliche Ohnmacht seinen Eltern gegenüber. Es wird vielleicht geschlagen für Dinge, die es nicht getan hat, als Strafe werden ihm Annehmlichkeiten verwehrt, im schlimmsten Falle wird ihm die Liebe der Eltern entzogen. Dieses Kind weiß nicht, daß es sich diese Eltern ausgesucht hat, um genau dieses Problem aufzuarbeiten. Diese Ohnmacht nämlich erlebt es unter Umständen schon zeitalterlang.
In einem früheren Leben wurde es vielleicht fälschli-

cherweise eines Diebstahls beschuldigt und ungerechterweise ins Gefängnis geworfen. Da dieser Mensch sehr wahrscheinlich keine Möglichkeit der Verteidigung hatte, endete sein Leben in dieser Gefangenschaft. Das Gefühl, das sich dann manifestiert, die Ohnmacht, ist, sich nicht wehren zu können. Der Grundstein für diese Ohnmacht liegt jedoch in einem anderen, noch früheren Leben, in dem dieser Mensch vielleicht selbst andere in dieser Weise verurteilt hat. Es fehlt ihm lediglich das Bewußtsein, um den Grund für seine Ohnmacht zu erkennen.

Wächst nun solch ein Kind in ständiger Ohnmacht heran, wird es im Erwachsenenalter sehr wahrscheinlich große Probleme damit haben, sich zu behaupten, zu verteidigen und durchzusetzen. Das Gefühl der Ohnmacht gewinnt sofort die Oberhand. Dann ist die Kapitulation der erste Ausweg. Allerdings wiederholt sich die Problematik immer wieder. Es gibt sogar Menschen, die sehr gerne den Ausweg in die tatsächliche körperliche Ohnmacht suchen, wenn ihnen eine Situation zu anstrengend wird. Sie verlieren das Bewußtsein. Auch das Koma ist ein solcher Schutz. Ihr habt schon gemerkt, daß viele Menschen im Koma registrieren, was um sie herum geschieht. Es ist wie ein körperliches Abschalten aus der Realität, um sich der Eigenverantwortung zu entziehen, die gefordert wird, wenn der Mensch an seine alten karmischen Muster gerät.
Viele Menschen behaupten, wenn sie aus einer Ohnmacht oder aus einem Koma erwachen, sich an nichts mehr erinnern zu können. Das bedeutet, sie haben ihr Bewußtsein in den Hintergrund gestellt. Es ist zwar existent, aber sie nehmen sich das Recht, es zu lähmen oder auszuschalten. Niemand kann ihnen das Gegenteil beweisen oder sie dazu zwingen, in die alte Proble-

matik einzusteigen. Sie haben ihren freien Willen.
Deshalb gibt es auch das Phänomen der Schocksituation, aus der heraus der Mensch sein Erinnerungsvermögen wieder finden kann. Dies bedeutet, in diesem Moment wird das Bewußtsein sozusagen überlistet, indem bestimmte Komponenten so gefügt werden, daß der Verstand des Menschen nicht so schnell reagieren kann, um innerhalb weniger Sekunden zu begreifen, was vor sich geht. Dieser Vorgang wird von der geistigen Ebene aus gelenkt, da dieser Mensch ohne die Aufarbeitung des Programmes in seiner Karmabearbeitung Rückschritte machen würde. Das ist in dieser betreffenden Inkarnation nicht möglich, da das vorgesehene Programm abgearbeitet werden muß. Mit Rückschritt ist hier nicht gemeint, daß der Mensch nicht noch einmal die gleichen Fehler machen darf. Sein freier Wille bleibt immer unangetastet. Mit Rückschritt ist hier sowohl Stillstand als auch die Umwandlung des bereits Positiven ins Negative gemeint. Das heißt zum Beispiel: Ein Mensch hat bestimmte Erkenntnisse gesammelt, gelangt an einen schwierigen Punkt, der all seine Kräfte fordert, fällt in Ohnmacht, und bestreitet dann jegliches Wissen. In diesem Falle würde er am absoluten Nullpunkt wieder ansetzen müssen. Das darf nicht sein, da der dann bereits positiv gewordene Karmaanteil wieder negativ werden würde. Dies zur körperlichen Ohnmacht.
Die geistige Ohnmacht kann, wie gesagt, nur besiegt werden, wenn der Mensch die geistige Bewußtlosigkeit überwindet. Das bedeutet, er muß sein Bewußtsein wiedererlangen. Und dieses Bewußtsein ist daran geknüpft, daß er erkennt, welches Karma er aufzuarbeiten hat. Erst dann ist die Möglichkeit der Bewußtseinserweiterung gegeben. Solange kein Bewußtsein vorhanden ist, kann es nicht erweitert werden. Deshalb setzen viele Menschen am falschen Punkt an.

Wer beginnt, sein Bewußtsein zu erweitern, das er noch gar nicht besitzt, arbeitet vergeblich. Denn diese sogenannte Bewußtseinserweiterung ist oftmals nur oberflächlich. Sie betrifft Strukturen, die niemals in die Tiefe gehen können. Erst wenn das zu erweiternde Bewußtsein erkannt wird, können eine intensive Überwindung jeder Ohnmacht und eine gewinnbringende Bewußtseinserweiterung erfolgen.

27. KARMA UND ZWANGSMAßNAHMEN

Zwangsmaßnahmen hat der Mensch seit ewigen Zeiten erfunden und eingeführt, um sich andere untertan und gefügig zu machen. Sinn und Zweck dieser Umstände sind immer verbunden mit einer Machtposition, die derjenige ausüben möchte, der, wie ihr sagt, „am längeren Hebel sitzt". Sanktionen gibt es sowohl im politischen, gesellschaftlichen als auch im privaten Bereich.

Derjenige jedoch, dem diese Maßnahmen auferlegt werden, empfindet eine gewisse Machtlosigkeit, fühlt sich unterdrückt und lehnt sich nicht selten dagegen auf. Schon oft genug wurden Sanktionen erlassen, um andere mürbe und widerstandslos zu machen.

Hinter all diesen Varianten der Machtausübung steckt ein tiefer Sinn. Werden gegen einen Menschen oder sogar einen ganzen Staat Sanktionen erlassen, wird dies von den Betroffenen sehr oft als Erpressung empfunden. Gerade bei den wirtschaftlichen Sanktionen, die einem anderen Land angedroht werden, möchte man eine bestimmte Änderung von Situationen oder Gesinnungen erreichen, ohne beispielsweise einen Krieg zu führen.

Zwangsmaßnahmen bei einem Kind können zum Beispiel schon darin bestehen, ihm mit längerem Taschengeldentzug oder Hausarrest zu drohen, um für die Eltern zufriedenstellende Leistungen in der Schule oder im Betragen zu erreichen.

Das bedeutet also, im allgemeinen genügt bereits die Androhung einer Sanktion. Gelegentlich müssen solche Maßnahmen auch durchgeführt werden, wenn anders keine Einigung oder Besserung der Zustände abzusehen ist.

Was nun bedeutet dies für die Betroffenen? Zunächst einmal erleben sie eine Situation, in der sie sich im Recht fühlen, trotzdem jedoch spüren, daß sie offensichtlich etwas falsch machen, damit ihnen überhaupt mit Sanktionen gedroht werden kann. Sie sind also in dieser Situation an einem Punkt, an dem sie schon einmal in einem früheren Leben waren.

Auch wenn ganze Völker von Sanktionen bedroht sind, sind die Verursacher des Ganzen in der Regel nur einzelne Personen, meistens Politiker, die falsche Entscheidungen getroffen haben. Bestraft wird dann letzten Endes ein ganzes Volk. Mit anderen Worten: Alle Leidtragenden von Sanktionen, auch wenn sie ein ganzes Volk betreffen, sind in diesem Moment mit ihrem Karma konfrontiert. Es ist immer so, daß sie in einem früheren Leben anderen Menschen extreme Zwangsmaßnahmen auferlegt haben.
Nehmen wir als Beispiel die früheren Kämpfe um Länder und Gebiete. Hatte jemand ein Land erfolgreich erobert, wurde die Bevölkerung unterworfen und nicht selten zu Sklaven gemacht, total entrechtet und erniedrigt. Es wurden neue Gesetze erlassen, die ihr heute als unsozial bezeichnen würdet. Alleine die Zeiten, als die Steuern eingeführt wurden, waren für viele Menschen derart hart, daß viele verhungerten.

Was ihr heute als wirtschaftliche Sanktionen bezeichnet, um einen anderen Staat zum Umdenken zu veranlassen, geschah zum Beispield durch die Belagerung von Burgen, um die Bewohner zum Aufgeben und zur Unterwerfung zu zwingen. Und auch die Indianer wurden auf diese Art und Weise zu Verlierern.

Aus solchen Aktionen ergab sich für manche Menschen ein Massenkarma, das heißt, entweder befinden sie sich heute als Betroffene in einem Land, dem Sanktionen drohen, oder sie sind als Einzelperson für viele andere verantwortlich, wenn Sanktionen drohen. Diese sind heute im Grunde genommen milde Mittel, um Menschen an alte Fehler und Fehlhaltungen zu erinnern. Wird dies rechtzeitig erkannt, besteht immer die Möglichkeit der Berichtigung, Wiedergutmachung und Einigung auf schnellstem Wege. Dann ist auch das Karma erlöst. Dazu ist jedoch meistens die Einsicht des Betroffenen erforderlich, daß der erkennt, sowohl im Jetzt als auch in der Vergangenheit einen Fehler gemacht zu haben, den er nun berichtigen kann. Leider sind oftmals Aggression und Widerstand zu groß, um solche Einsichten zu gewinnen. Ein Kind, dem beispielsweise Taschengeldentzug angedroht wird, wenn es nicht „pariert", wird wenig Lust verspüren, sich über die Hintergründe Gedanken zu machen. Es empfindet zunächst nur große Frustration und Zwang. Sinnvoller wäre es, ihm eine Aufgabe aufzuerlegen, bei der es am eigenen Leib den Widerstand spüren würde. Kinder sind leider noch nicht in der Lage, die alten Ursachen herauszufinden, was jedoch bei den Erwachsenen kein Problem darstellen sollte.

Allerdings müßte auch dort angesetzt werden, wo Sanktionen erdacht und erlassen werden. Menschen, die sich überlegen, wie sie andere am besten mit solchen Aktionen gefügig machen können, haben selbst einmal intensiv darunter gelitten und konnten bis zu diesem Zeitpunkt nicht verzeihen oder Einsichten gewinnen. Es ist also nur ein ständiges Wiederholen der Machtausübung und der Unterwerfung. Würde man die verantwortlichen Personen davon überzeugen, daß alle ihre Widersacher und deren Beweggründe ihre Ursache in früheren Leben haben, wäre es ein leichtes, diesen Knoten aufzulösen, und Sanktionen hätten keine Überlebenschance.

Um auf die Kinder zurückzukommen: Es wäre Aufgabe der Eltern oder Lehrer, die alten Ursachen der Konflikte herauszufinden und zu beheben, denn es ist völlig gleichgültig, wer sich an die Behebung der Ursache macht - nur der Erfolg zählt.

28. KARMA UND TODESAHNUNG

Todesahnungen sind in zwei Bereiche zu unterteilen. Der eine Bereich ist die Vorausschau des eigenen Todes oder des Todes von anderen Menschen, der zweite ist der des nahenden Todes bei schweren Krankheiten oder Siechtum.

Kommen wir zunächst zu Punkt eins.
Hier ist die Todesahnung natürlicher Bestandteil des Erkennens einer Gefahr, um diese abzuwenden oder besser akzeptieren zu können. Menschen, die also aus einer bestimmten Vorahnung heraus eine Reise nicht antreten oder keine Lust auf eine geplante Bergtour haben, verspüren innerlich eine gewisse Abwehr, eine Ahnung von Gefahr. Würden sie dem zuwiderhandeln, wäre ein Unglück für sie vorprogrammiert. Natürlich können sie trotz des unguten Gefühls an dieser Reise teilnehmen. In allen Fällen ist der Verlauf der Geschehnisse vorgeplant und gelenkt.
Diese Todesahnung gründet sich immer auf vergangene Erlebnisse, Gefahren und Ereignisse, die im Unterbewußtsein und in den Zellen gespeichert sind, die im entsprechenden Moment als Warnung hochkommen, um auf Fehler oder ein Ereignis hinzuweisen, das sich wiederholen könnte. Wie auch immer sich der Mensch verhält, es ist richtig, denn diese Ahnungen sind eine Botschaft des Instinkts oder der inneren Stimme. Der Mensch kann sich also in diesem Moment nicht irren, da sein Verstand ausgeschaltet ist.
Ebenso kann sich die Todesahnung im Traum darstellen. Viele Menschen träumen vom Tod bestimmter Personen, der auch innerhalb kürzester Zeit eintritt. Das ist nicht als negativ zu sehen, sondern hilfreich. Es deutet immer darauf hin, daß man diesen Menschen sehr gut kennt und karmisch intensiv mit ihm verbun-

den ist, weshalb man sich, trotz des Schreckens, den eine solche Vorahnung mit sich bringt, leichter von ihm lösen kann. Es ist so, als ob man diesen Tod schon einmal erlebt hätte. Auch wenn ein Mensch den eigenen Tod vorausahnt, ist es für ihn leichter, sich zu lösen. Sein Tod ist ihm nicht mehr fremd.

In früheren Zeiten, als der Mensch noch feinstofflicher und feinfühliger war, gab es den von euch so gefürchteten Tod in dieser Form überhaupt nicht. Der Mensch wußte, wie und wann er sich lösen würde und konnte. Es war sozusagen nur ein Übergang in andere Dimensionen. Die heutige Ahnung war damals schon die Entscheidung, vor der man keine Angst hatte. Man wußte genau, was einen erwartete. Die Vorahnung ist gewissermaßen ein Zeichen dafür, daß nun ein Moment kommt, den es schon einmal gab, vielleicht vor mehreren tausend Jahren. Dies deutet gleichermaßen darauf hin, daß dieser Mensch zu dem damaligen Zeitpunkt noch richtig mit der Todesahnung umging, denn damals konnte er entscheiden, ob er sein Leben abschließen oder ändern wollte. Entschied er sich für letzteres, bekam er im selben Leben eine neue Chance. Schloß er es ab, mußte er die erforderlichen Änderungen auf einer anderen Ebene vollziehen. Er konnte es aber auch ändern und sich im Irdischen neu orientieren, um eine Umkehr zu erlangen. Und genau hier liegt ein karmischer Punkt dieser Menschen. Durch die Todesahnung soll der Mensch wieder an die alte Gabe herangeführt werden, die im Laufe der Evolution verlorenging. Hat also jemand eine Todesahnung, die ihn selbst oder einen anderen Menschen betrifft, ist dies immer ein Hinweis darauf, daß eine Änderung der Lebensumstände zu vollziehen ist. Die Ursachen können vielfältig sein: Vielleicht muß er eine Krankheit ernst nehmen und an die Ursachen herangehen, um noch mehr Karma abzuarbeiten. Oder er sollte sich bestimmten Gefahren

nicht aussetzen, damit er noch die Gelegenheit bekommt, in eine neue Lebensphase zu gehen. Der Mensch hat also durch die Todesahnung die Wahl, ob er sein Leben beenden oder ändern will. Die Änderung tritt unweigerlich ein, auch bei einem Wechsel auf die geistige Ebene. Entscheidet er sich jedoch für eine Änderung des irdischen Lebenswandels, hätte er Gelegenheit, zusätzliches Karma abzubauen. Daher sollte man eine Todesahnung nicht als erschreckend oder sogar, wie manche meinen, als schwarzmagisch betrachten. Sie kommt immer aus anderen Dimensionen und ist eine Art der Hellsichtigkeit. Wie bereits erwähnt, war dies vor Tausenden von Jahren ein Moment, den jeder Mensch erlebte, und zwar in vollem Bewußtsein, um zu entscheiden, wie es weitergehen sollte.
Träumt ein Mensch indessen den Tod einer völlig fremden oder wenig bekannten Person voraus, ist dies immer als Symbol für eine Veränderung zu sehen, also für einen Neuanfang, der in seinem eigenen Leben notwendig geworden ist. Mit einer physischen Todesahnung hat das nichts zu tun.

Nun zum zweiten Bereich.
Ist ein Mensch sehr krank geworden und gehen seine körperlichen und geistigen Kräfte allmählich zu Ende, spürt er, daß sich der Augenblick seines Todes langsam, aber sicher nähert. Diese Menschen werden dann seltsam ruhig, sie regeln oft noch notwendige Dinge und verabschieden sich auf liebevolle Weise von ihren Angehörigen. Für diese Menschen ist die Todesahnung die letzte Phase ihres irdischen Lebens. Oft nehmen sie bereits verstorbene Angehörige wahr, die sich ihnen nähern, um sie über die Schwelle zu geleiten. Menschen, die in ihrem Bewußtsein weiter fortgeschritten sind, begrüßen in dieser Phase oft ihren persönlichen Führer, der sie abholt. Diese Todesahnung

macht keine Angst, da sie nur mit der Seele wahrgenommen wird, also zwangsläufig auch nur in dem Bereich, in den das, was vom Menschen bleibt, hinüberwechselt. Also kann dies keinen Schrecken verursachen, da sich die Seele dort zu Hause fühlt.
In Verbindung mit dieser Todesahnung hält die Seele dann meist schon den bekannten Rückblick, also das Leben läuft als Film nochmals vor ihrem geistigen Auge ab. Sie erkennt in diesem Augenblick, welches Karma sie erlöst und welches sie nicht bearbeitet hat. Das ist der Grund, warum Sterbende oft nach Menschen verlangen, mit denen sie lange im Streit gelebt haben, um sich mit ihnen zu versöhnen. Viele bitten dann um Vergebung. Also ist auch hier die Todesahnung wieder ein Moment der Entscheidung der Seele, ob sie sich einen leichten Weg bahnt, oder ob sie noch eine gewisse Last mitnimmt.
So ist es dann auch zu verstehen, daß sich Menschen intensiv mit dem Tod beschäftigen sollten, um entsprechende Ahnungen richtig zu behandeln, denn sie bieten immer eine Chance. Ahnt man den Tod anderer Menschen, wäre es empfehlenswert, sich mit ihnen nochmals auseinanderzusetzen und Mißverständnisse oder Streitigkeiten aus dem Weg zu räumen, damit das Karma mit ihnen aufgelöst werden kann. Dieser Mensch muß dann nicht unbedingt jetzt sterben. Es war einfach Zeit für eine Karmaerlösung.
Alles hat seinen Sinn. Keine Vorahnung geschieht ohne Grund. Der Tod ist eine Umwandlung, und jede Wandlung, die man voraussieht, kann man beeinflussen. Ist sich ein Mensch beispielsweise dessen bewußt, daß er seine Wohnung aufgeben muß, wird er sich mit Sicherheit darum bemühen, eine neue Bleibe zu finden, die auf keinen Fall schlechter ist als die alte. Er wird versuchen, sich zu verbessern. Und genau diese Chance bietet auch die Todesahnung.

29. KARMA UND FEINSTOFFLICHE VERÄNDERUNGEN

Die feinstofflichen Körper des Menschen unterliegen ständiger Veränderung. Während der physische Körper sichtbar, greifbar, und reell spürbar ist, können die feinstofflichen Körper nicht unmittelbar wahrgenommen werden. Die feinstofflichen Körper, die bei jedem Menschen im geistigen Sinne erfaßbar sind und von hellsichtigen Menschen auf jeden Fall erkannt werden können, sind drei Stück an der Zahl: Der Äetherkörper, der Astralkörper und der Mentalkörper. Die drei weiteren Ebenen, der Kausalkörper, das Christus-Bewußtsein und das Über-Ich, sind noch nicht bei allen Menschen so ausgeprägt und wahrnehmbar, daß man sie ohne weiteres hier im Zusammenhang mit der Karmabearbeitung definieren könnte.

Wichtig sind die drei feinstofflichen Körper, die zuerst genannt wurden. Hier schlägt sich das Karma nieder, und hier muß auch die Aufarbeitung vorgenommen werden, um letztendlich die restlichen feinstofflichen Körper in den Kreislauf zu integrieren.
Der Äetherkörper ist sozusagen ein Lager eurer alten Verletzungen, Krankheiten, Schmerzen und Narben. Hier ist alles für einen Hellsichtigen spürbar, was euch einmal in anderen Leben physisch gepeinigt hat. Wenn ihr so wollt, kann man dort die alten Zellprogramme abrufen. Um es modern auszudrücken, könnt ihr den Äetherkörper als Festplatte eines Computers bezeichnen, die sämtliche Kapitel eurer Leben gespeichert hat, die von physischen Beeinträchtigungen erzählen. Eure derzeitigen körperlichen Mängel sind also nur ein Auszug aus verschiedenen dieser Kapitel. Das bedeutet: Wenn ein Mensch an einer physischen Beeinträchtigung leidet, hat der Körper bzw. die Zelle einen entsprechenden Programmbefehl aus dem

Äetherkörper entgegengenommen, um diesen zu berichtigen, zu bearbeiten und letztendlich zu löschen. Irgendwann müßte die Festplatte leer sein. Die Zellen sind zwar von Anfang an entsprechend programmiert, jedoch muß der Befehl der Bearbeitung vom Äetherkörper ausgehen, da dieser feinstofflich und dadurch viel sensitiver ist. Er reagiert bereits auf alte Muster, An-
...ungen, bevor der physische Kör-
...davon ahnt.

...chtiger euren Äetherkörper über
...ürt er sämtliche alten physischen
... Es kann sich dabei um Merkmale
...bislang noch gar nicht bewußt
... die Gnade, diese Beeinträchti-
...u behandeln oder gar zu heilen,
...niedenartig auswirken. Einmal ist
...och einmal die gleichen Schmer-
...die aus einem alten Leben resul-
...te physisch überhaupt noch nicht
.... Dies kann viele Menschen ver-
...dem sie behandelt wurden, unter
...h Krankheiten oder Schmerzen
...slang völlig fremd waren. Es han-
...energetische Schmerzen, die sich
...etherkörper zeigen und dadurch
...lichtweg momentan behindern.
...Schmerzen, die früher einmal den
...der begünstigt haben. Die vorlie-
...lt den Menschen von bestimmten
...n Unterbewußtsein Angst hat, wie-
...ituation zu kommen und infolge-
...er den Tod zu finden. Wird die
...rein energetischem Wege gelöst,
...n das erneute Erleben der Situati-
...ussetzung allerdings ist, daß dieser

Mensch großes Vertrauen in seine geistige Führung besitzt und willens ist, intensiv an sich zu arbeiten. Er muß bereit sein, sein Karma mit allen Auswirkungen zu erlösen und zu bewältigen.

Auf der anderen Seite können Behandlungen des Äetherkörpers dazu führen, daß dieser Mensch noch intensiver in schon bestehende karmische Abläufe gerät. Das ist zum Beispiel dann der Fall, wenn ein Mensch schon an einer bestimmten Krankheit oder auch an einer Notlage leidet. Entweder kann sich die Krankheit zunächst verschlimmern, oder die Notlage wird noch gravierender, und eventuell gesellt sich sogar noch eine Krankheit hinzu. Dies ist dann oft schwer zu ertragen und zu verstehen. Ein ähnliches Beispiel dafür ist die klassische Homöopathie, die ebenfalls zu Erstverschlimmerungen führt. Auch hier ist großes Vertrauen notwendig. Deshalb muß sich jeder Mensch der Auswirkungen des feinstofflichen Behandelns und Arbeitens bewußt sein, bevor er diesen Maßnahmen zustimmt.
Diese Maßnahmen können auch nur unternommen und erfolgreich ausgeführt werden, wenn der Heiler dazu ermächtigt und auserwählt ist. Sonst kommt es nicht zu einer Reaktion. Läßt man den Äetherkörper jedoch unberührt, nimmt die klassische Karmabearbeitung ihren Lauf. Die Befehle des Äetherkörpers gehen an die Zelle, diese aktiviert das alte Programm und die Karmabearbeitung nimmt ihre Arbeit auf. Hier braucht der Mensch kein Vertrauen, da er nicht das Gefühl hat, etwas bewußt in Gang gesetzt zu haben. Hier passiert es einfach. Die einzige Problematik ist: Die meisten Menschen wissen nicht, daß das, was sie physisch quält, schon zeitalterlang vorhanden und in ihrem Inneren zu suchen ist. Ist jedoch dieser Wissensstand erreicht und eine gewisse Einsicht erfolgt, erhält

dieser Mensch auch in der Regel die Gnade der Behandlung des Äetherkörpers, die jedoch die gleiche Karmaerlösung voraussetzt, allerdings mit einem anderen und erhöhten Bewußtsein. Das bedeutet, diese Menschen werden dann auch offen für Heilenergien aus der geistigen Ebene.

Ähnlich verhält es sich beim Astralkörper und beim Mentalkörper.
Während der Astralkörper die alten Gefühle und Emotionen gespeichert hat, befaßt sich der Mentalkörper mit den Gedanken. Auch hier existieren „Festplatten", auf denen entsprechende Befehle gespeichert sind. Sie strahlen in Kombination genauso auf den Äetherkörper aus. Stellt sich also beispielsweise ein altes Muster dar, wobei der Äetherkörper eine alte Verletzung in Bearbeitung schickt, gesellen sich hierzu automatisch die alten Gefühle wie Rache, Haß und Wut, die in diesem Zusammenhang existierten. Gleichzeitig wird der Mentalkörper mit aktiviert, da er die damit verbundenen Gedanken gespeichert hat. So können also sämtliche feinstofflichen Körper durch eine einzige Karmabearbeitung in Mitleidenschaft gezogen sein. Dies zeigt sich zum Beispiel bei Menschen, die einen Unfall erleiden, eine Zeitlang schwer geschädigt sind, vielleicht nicht laufen können, und dann von einer Depression in die andere fallen, oft verfolgt von Wutausbrüchen und Rachegefühlen den Menschen gegenüber, die an dem Unfall beteiligt waren.

Auch hier kann man, wie oben beschrieben, mit der Arbeit beginnen. Voraussetzung ist auch hier wieder ein bestimmtes Bewußtsein und der Wille, mit dieser Krankheit bewußt umzugehen. Der Heiler spürt dann in allen Schichten die damit verbundenen Blockaden und kann sie langsam lösen. Auch hier gehört es

dazu, die Folgen zu ertragen, denn das Karma wird dem Menschen nicht abgenommen. Er wird lediglich in die Lage versetzt, diesen Aspekt , der ihm sonst vielleicht noch einige Male begegnen würde, in seinem Lebensprogramm oder seiner Akasha zu beseitigen und aufzulösen.
Andererseits können aber gerade der Astral- oder Mentalkörper auch einzeln in Mitleidenschaft gezogen werden, beispielsweise durch Gefühle wie Eifersucht, Neid - also negative Gedanken aller Art anderen Menschen gegenüber. Auch hier wird, wenn die Gegebenheiten stimmen, das alte Programm aktiviert. Alte Muster des früheren Zusammenlebens brechen wieder hervor und stürzen den Menschen wieder in chaotische Zustände, begünstigt durch den Umstand, daß sich die feinstofflichen Körper der Menschen zuerst begegnen und ihre gegenseitige Ausstrahlung haben. Bereits hier manifestieren sich dann oft die alten Disharmonien, bevor diese Menschen nur ein Wort miteinander gewechselt haben. „Man kann sich nicht riechen", wie ihr sagt. Die feinstofflichen Körper führen sozusagen den alten Krieg ohne Worte weiter. Hier beginnt bereits das karmische Programm zu laufen. Viele Menschen bezeichnen das als „Antenne" für andere Menschen. Sie meinen, andere gut einschätzen zu können. Deshalb verurteilen sie sehr schnell und ziehen sich zurück. Sie scheuen die Konfrontation. Die Thematik bleibt ihnen jedoch nicht erspart. Wichtig ist zu erkennen, weshalb diese Disharmonie besteht. Da alle Menschen gleich sind, aus den gleichen Bestandteilen bestehen, muß es eine Ursache für Sympathie und Antipathie geben. Ihr habt wunderschöne Umschreibungen für diese Aspekte gefunden, wie Charakter, Charisma, Ausstrahlung, äußere Erscheinung, Liebenswürdigkeit, ein nettes oder ein abstoßendes Wesen. Es existiert ein Raster, in

das ein Mensch gesteckt und nach dem er beurteilt wird. Danach kann man ihn lieben oder ablehnen. Damit ist dann alles erledigt.

Eure feinstofflichen Körper sind euch da weit voraus. Ihre Intelligenz ist nicht zu überbieten und nicht zu bestechen. Sie sind nicht korrupt, da sie sich vom Verstand losgesagt haben. In diesem Sinne liegt dort die einzige Wahrheit, die ihr herausfinden könnt.

30. KARMA UND IRDISCHE BESITZTÜMER

Der irdische Besitz ist seit alters her das Wahrzeichen des Menschen. Schon immer wurde der Mensch daran gemessen, was er besaß, wie groß sein Reichtum an materiellen Gütern und sogar an Menschen war. Bedenkt, es gab Zeiten, da zeichnete sich persönlicher Reichtum dadurch aus, wieviele Sklaven ein Mensch sich leisten bzw. wieviele Menschen er sich untertan machen konnte. Zeitalterlang kämpften die Menschen um Besitz, seien es Länder, Königreiche, Frauen, Burgen, Viehherden und vieles mehr. Der ganze heutige Besitzanspruch der Menschen stammt nicht aus dem heutigen Leben, sondern hat sich sozusagen im Laufe ihrer Leben immer mehr gesteigert. Ihr habt den Spruch geprägt: „Je mehr er hat, desto mehr will er." Das ist zwar korrekt, resultiert jedoch nicht nur aus der heutigen Inkarnation.

Im Astralkörper des Menschen sind diese ganzen Ansprüche, materiellen Wünsche, Gier, Neid, Macht usw. gespeichert. Im geeigneten Augenblick gehen nun von dort Befehle an das Gehirn und die Zellen, um diese Ansprüche zu befriedigen. Ursachen dafür gibt es viele. Wurde beispielsweise ein Mensch in einem früheren Leben seiner Behausung entledigt, wird er entweder krampfhaft versuchen, sich ein ideales Zuhause zu verschaffen, koste es was es wolle, oder er wird versuchen, anderen Menschen diesen Schritt entsprechend zu erschweren, indem er ihnen aus einer Machtposition heraus Steine in den Weg legt, oder indem er sie materiell überfordert. Sein ganzes Streben also ist davon geprägt, sich Wohnungen oder Häuser zu beschaffen. Dabei kann es dann vorkommen, daß dieser Mensch nie zufrieden ist und ihm das, was er besitzt, nicht genügt. Er möchte immer mehr

haben. Oder er ist ständig in entsprechende Gerichtsprozesse verwickelt, da er andere Menschen übervorteilt. Praktisch zeigt jeder übertriebene Besitzanspruch eines Menschen, daß er es mit einem alten Muster zu tun hat. Leider ist es sehr schwer, das diesem Menschen deutlich zu machen. Er ist so gefangen in seinem Tun und Denken, daß er es nicht als negativ betrachten könnte, selbst wenn er es wollte.
Anders sieht es da schon aus bei Menschen, die andere Menschen oder auch Tiere als ihre Besitztümer betrachten. Zu einem bestimmten Zeitpunkt nämlich spüren sie genau, daß an ihrer Haltung etwas nicht stimmen kann, da sich irgendwann sämtliche Wesen gegen sie auflehnen. Sie erkennen, zumindest ansatzweise, daß ihre Art, mit Menschen und Tieren umzugehen, nicht der Norm entspricht. Hier bricht sehr oft das alte Muster der Sklavenhaltung oder des Lebens als Sklave auf. Tiere wurden damals oft im Sinne der Bestrafung eingesetzt, indem man durch Tiere bestrafte oder bestraft wurde. Niemand kann ein Lebewesen besitzen. Selbst jeder Hund und jede Katze hat ein Recht auf eine eigene Persönlichkeit, vom Menschen ganz zu schweigen. Und jedes Lebewesen hat ein Herz und eine Seele, die verletzbar sind. Das Zusammenleben muß immer als Partnerschaft angesehen werden, ohne Anspruch auf Bevormundung und Beschneidung der Rechte. Auch ein Tier leidet entsetzlich, wenn es sich mit einem Menschen angefreundet und arrangiert hat und dann plötzlich ohne Grund verkauft oder verstoßen wird. Genauso erging es den früheren Sklaven. Man bestimmte über sie, ohne daß sie in den meisten Fällen etwas getan hatten, womit sie dies verdient hätten.

Auch in vielen Partnerschaften stellt sich dieses Problem, wenn beispielsweise ein Partner unterdrückt

und in seinen Rechten beschnitten wird.
Das sind nur einige Beispiele für den Irrtum des Menschen, etwas Irdisches zu besitzen. Sicherlich erarbeitet ihr euch irdischen Besitz, indem ihr euer Geld verdient und euch damit Güter besorgt, die euer Leben verschönern sollen. Das ist auch gerechtfertigt. Nur haben viele Menschen die Grenze überschritten. Ihr ganzes Trachten geht darauf aus, immer noch mehr zu bekommen und sich dadurch einen besseren Status in der Gesellschaft zu sichern. Und genau hier setzt das Karma ein.
Irdischer Besitz ist immer solange gerechtfertigt, wie der Mensch sich einen Lebensraum erarbeitet, der ihn sorglos und zufrieden leben läßt. Wird er jedoch unzufrieden und beginnt, den Rahmen immer weiter zu stecken und seinen Lebensraum ins Unendliche auszudehnen, geht dieses meistens zu Lasten anderer Menschen oder seiner eigenen Gesundheit und macht schließlich seinem sorglosen Leben ein Ende, denn oft genug folgen diesen Maßnahmen neue Probleme, menschliche Streitigkeiten, partnerschaftliche Schwierigkeiten, Zwistigkeiten mit dem Staat und eine unersättliche Gier.
All dies führt automatisch dazu, daß der Astralkörper dieses Menschen immer mehr an Blockaden aufbaut und die Festplatte ständig neue Information speichert.
Jeder geht in eine Inkarnation, um die alten Muster abzubauen und so zu leben, daß er allem gerecht werden kann. Aber gerade die irdischen Besitztümer sind es, die wie eine ständige Versuchung locken und den Menschen immer wieder zurückwerfen. Vor allem Menschen, die viel Besitz verlieren, sollten sich Gedanken über das Lernziel machen. Es passiert nicht umsonst. Es ist immer ein Anstoß, darüber nachzudenken, welcher Sinn sich dahinter versteckt. Irdischer Besitz

macht keinen Menschen glücklich. Je mehr er hat, desto ängstlicher wird der Mensch, daß ihm sein Besitz wieder abgenommen werden könnte. Und umso mehr ist er dem Neid anderer Menschen ausgesetzt. So starten immer wieder alte Programme.
Begegnet er einem alten Widersacher, den er einmal übers Ohr gehauen hat, kommt bei diesem sofort der Neid oder die alte Wut hoch. Automatisch entstehen durch Befehle seines Astralkörpers in seinem Gehirn Gedanken der Rache. Die Folge sind Überfälle, Einbrüche, Raubmorde und andere kriminelle Delikte. Selbst die Steuerhinterziehung hat solche Ursachen. Es existiert immer ein altes Programm, das diese Form der Rache oder Wiedergutmachung fördert. Wichtig sollte für jeden Menschen sein: Ihr nehmt kein irdisches Gut mit auf den Weg in die geistige Ebene. Auch werdet ihr nicht daran gemessen. Das Kleid, das ihr dort anlegt, entspricht eurem geistigen Reichtum. Und gerade dieser Reichtum wird mit geprägt von eurer Einstellung zum irdischen Besitz, wie ich gerade erklärt habe. Deshalb ist es wichtig, daß ihr während eures Erdenwandels nicht nur damit beschäftigt seid, euch möglichst viele irdische Annehmlichkeiten zu verschaffen, sondern daß auch euer Geist und eure Seele gepflegt und bereichert werden. Das kostet Zeit, die jedoch mit großem Wertzuwachs ausgeglichen wird. Verwendet nicht jede Minute darauf, mehr Besitz zu erarbeiten, sondern versucht, einen gerechten Ausgleich zu schaffen, so daß auch eure Seele einen Gewinn mit nach Hause bringt. Auf der geistigen Ebene könnt ihr euch alles gönnen, was ihr euch wünscht. Hier gibt es keinen Mangel. Allerdings hängt dieser Reichtum von eurem geistigen Fortschritt ab. Und nur dieser geistige Reichtum ist wahrer Besitz. Er kann euch nie verloren gehen.

31. KARMA UND ORIGINALFERTIGKEITEN

Es gibt Menschen, die in der jetzigen Inkarnation Zugang zu Ritualen oder medialen Fähigkeiten haben. Viele machen den Fehler zu glauben, sie hätten sich diese Gabe durch eine besonders gute Lebensführung oder durch eine besondere Liebe zu den Mitmenschen erworben. Das ist keineswegs der Fall.

Alle Fertigkeiten, die ein Mensch entwickelt, hat er bereits in früheren Leben besessen, oft schon mehrere Male. Meistens hat er in der Vergangenheit mit seinen Fähigkeiten Mißbrauch betrieben und war für die Bestrafung selbst verantwortlich. Viele leben auch in dem Irrtum, sie bekämen keinen Zugang zu ihren Talenten, da man sie deshalb einmal verurteilt oder getötet hat. Das heißt: Sie akzeptieren ihre Blockade gerne, da sie keine Verantwortung zu übernehmen brauchen.
Im Grunde genommen könnt ihr es so betrachten: Alle Menschen, die auf eurem Planeten leben, haben einmal bestimmte Fertigkeiten besessen, sie jedoch aufgrund gewisser Umstände wieder verloren.

Eure nächste Frage wird nun lauten: Wie komme ich an meine alten Fertigkeiten heran, um sie in der Originalform wieder auszuführen?

Ich betone hier den Begriff „Originalform", da es sich nicht um allgemeine Talente und Fähigkeiten handelt, deren es viele gibt. Ein Beispiel hierfür wäre beispielsweise das Singen oder Malen. Das sind Fähigkeiten, die in vielen Menschen schlummern und nur wieder aktiviert werden müssen, um das Leben angenehmer zu gestalten.
Wir sprechen hier von herausragenden Fähigkeiten,

die von hoher Tragweite sind. Ich nenne hier einige Beispiele: Ärzte, Heiler, Psychologen, Therapeuten jeder Art, Medien in jeder Form, große Schriftsteller, Komponisten, Wissenschaftler, Politiker. Man spricht von Fertigkeiten, die die Menschheit beeinflussen, sie weiterbringen bzw. ihrer Vervollkommnung entgegentragen sollen.

Diese ursprünglichen Fertigkeiten waren also bei diesen Menschen schon einmal in anderen Epochen präsent und haben ihre Inkarnationen beeinflußt. Für jede dieser Fertigkeiten wurde diesen Menschen ein bestimmter Schlüssel verliehen, der einzigartig in seiner Form und Wirkungsweise war. So ist es zu begründen, daß auch heute jeder dieser Menschen eine besondere Form der Arbeit zeigt und auch oft nicht in eine vorgefertigte Schublade paßt. Leider wird dies allzu oft übersehen. Man hat bestimmte Berufsgruppen gebildet, die alle dem gleichen Schema zu entsprechen haben. Viele Menschen fühlen sich in diesen Schubladen wohl. Sie ordnen sich dem Prinzip unter und haben sich so in den Deckmantel der Obrigkeit gehüllt, der sie vor allen Fehlern zu schützen behauptet. Diejenigen jedoch, die ihre Fertigkeiten nicht erst jetzt entwickeln, sondern aus uralten Zeiten hervorholen, greifen also auf ihre ursprünglichen Fertigkeiten zurück. Sie passen nicht mehr in die Schubladen, da sie ihrer Zeit voraus sind, auch wenn sie eigentlich auf die Vergangenheit zurückgreifen müßten. Aber hier liegt ihr Urwissen begraben, das unter Umständen von einem viel höheren Stand war als das heutige.

Das macht sich vor allem bemerkbar bei den Menschen, die bereits in Atlantis lebten und dort diese herausragenden Fertigkeiten erworben haben.

Nun laßt mich erklären, daß es logischerweise in der Form, wie diese Fertigkeiten hervorgeholt und angewendet werden, einiges zu beachten gibt:

Erstens - Der Mensch muß zu seinem Ursprung im Geistigen zurückkehren.
Zweitens - Der Mensch muß sich bewußt werden, daß er sich von anderen unterscheidet, ohne dies zu zeigen.
Drittens - Der Mensch muß zunächst bereit sein, die Ursache für selbst aufgebaute Hürden zu suchen und die Hindernisse abzutragen.
Viertens - Der Mensch muß sein ganzes Denken umstellen und seine Lebensweise dem anpassen.
Fünftens - Der Mensch muß mit Angriffen durch andere rechnen.
Sechstens - Der Mensch muß größtes Vertrauen entwickeln und darf nicht wieder schwach werden.
Siebtens - Der Mensch muß gefestigt, vertrauenswürdig und unantastbar sein.
Achtens - Der Mensch muß über sich schweigen können, wenn es die Umstände erfordern.
Neuntens - Der Mensch darf andere nicht manipulieren wollen.
Zehntens - Der Mensch muß den Wunsch haben, anderen selbstlos zu helfen, ebenfalls zum Ursprung zurückzukehren.

Viele werden nun denken, das alles sei sehr einfach, wenn man erst einmal wisse, wo der Ursprung liegt. Stellt es euch nicht so leicht vor. Der Weg zurück zum Ursprung des Wissens ist sehr hart. Das bedeutet: Ihr müßt alle karmischen Hürden nehmen und sozusagen Rückschritte machen.
Der Weg zurück äußert sich auf verschiedene Art und Weise. Einmal geratet ihr in Zweifel darüber, ob sich eure heutige Arbeit im richtigen Rahmen bewegt. Ihr spürt, daß sich etwas ändern muß. Manche zweifeln daran, ob sie überhaupt den richtigen Rahmen gewählt haben. Er war schon richtig, aber er muß euch

zu dem Punkt führen, an dem ihr überlegt, was zu tun ist, um ihn richtig zu gestalten. Dadurch beginnt ihr, euch von anderen zu unterscheiden. Das sollt ihr jedoch nicht zeigen, damit sich andere nicht minderwertig fühlen. Sie haben ein Recht, zu denken, was sie für richtig halten. Wenn euer Weg ein anderer ist, zum Beispiel weg von der Schuldmedizin zum natürlichen Heilen, dann ist es euer Weg, und nicht der des anderen.

Nun beginnt also der Weg zurück. Wenn ihr die Blockaden spürt und denkt, es geht nicht mehr weiter nach vorne, dann ist der Weg zurück angezeigt. Das bedeutet, ihr müßt zunächst das Karma abbauen, das ihr euch durch die zurückliegenden Inkarnationen aufgebaut habt - sei es durch Mißbrauch oder Gewalt. Hier begegnet ihr den alten Widersachern. Ihr ahnt es schon: Der Weg zurück und der neue Weg bergen neue Angriffe, da ihr euch verändert habt. Hier schon müßt ihr beginnen, eure Denk- und Lebensweise zu verändern. Es wird euch schwerfallen, in alten Freundes- und Kollegenkreisen zu bestehen, da ihr euch dort immer weniger zu Hause fühlt. Die geistigen Wege trennen sich. Vielleicht werdet ihr etwas einsamer. Das muß sein, da niemand euren Weg begleiten und akzeptieren kann. Viele Menschen werden eine kurze Zeit das Dasein eines Eremiten führen, bis sie neuen Menschen begegnen, die ähnlich geartet sind wie sie.
Dann kommt die nächste Phase, die Phase des Vertrauens. Immer wieder steigen Zweifel hoch an dem, was man macht. Die anderen führen ein viel leichteres Dasein. Sie ordnen sich der allgemeinen Meinung unter und müssen sich nicht gewissen Gefahren und Meinungsverschiedenheiten aussetzen. Ständig werdet ihr geprüft, ob ihr wirklich den Wechselfällen des geistigen

Lebens standhaltet. Immer wieder mahnt euch das Gewissen zur Umkehr, da ihr die alten Muster und Programme aktiviert, die natürlich auch eure Feinde von früher an den Tag bringen. Das schmerzt, die alten Narben brechen auf, alte Taten kehren ins Bewußtsein zurück. Der Mensch hat immer noch falsche Begriffe von Karma. Er meint, meistens Opfer gewesen zu sein und gelitten zu haben. Daß er dies jedoch immer selbst verursacht hat, begreift er immer noch nicht. Jeder Rache liegt eine Tat zugrunde, sonst gäbe es sie nicht. Viele wehren sich in dieser Phase dagegen, die entscheidenden Schritte zu tun. Den meisten bleibt es nicht erspart, den Schritt in die Rückführung zu tun. Der Ursprung des Wissens ist, wie bereits erwähnt, immer mit einem Ritual oder Code verbunden. Und nur der einzelne Mensch ist berechtigt, wieder an diesen Code zu gelangen. Da jedoch der Schlüssel dazu durch die Erfahrungen über viele Zeitalter so tief vergaben wurde, ist es ganz selten der Fall, daß ein Mensch ihn selbst wiedererlangt, ohne Hilfe zu beanspruchen. Es gibt sicherlich Ausnahmen, aber diese setzen eine ungeheure Eigenarbeit voraus, die sich oft über lange Zeit hinzieht. Eines muß dazu noch gesagt werden: Der Code wird erst dann wieder freigegeben, wenn wir auf der geistigen Ebene erkannt haben, daß der Mensch die letzten Punkte anschließend erfüllt. Absolutes Schweigen über den Code ist erforderlich, ansonsten war alle Mühe vergebens und die ganze Prozedur beginnt von vorne. Das ist das letzte Tor, das durchschritten wird, das Tor des eigenen Schweigens. Unsere Schüler müssen schweigen können, wenn es um Karma geht, das andere nicht wissen dürfen. Sie müssen ihre eigenen karmischen Informationen geheimhalten können, ohne sie anderen preiszugeben, denn sie können niemals überschauen, wie andere darauf reagieren. Es ist

durchaus möglich, daß andere Menschen dann an ihrer Karmabewältigung gehindert werden. Somit wird auch die Manipulation ausgeschaltet. Erst wenn all dies den Schüler als integere Persönlichkeit zeigt und er nicht mehr aus Neugier handelt, wird ihm der Schlüssel überreicht, um sein altes Wissen wieder zu erlangen. Das ist der eigentliche Weg des Schülers, um die Meisterschaft anzutreten, die sich dann erst durch lange und unermüdliche Arbeit erwerben läßt.
Dann wird er über lange Zeit auf folgende Eigenschaften geprüft:

- Selbstlosigkeit
- Stärke
- Führungspersönlichkeit
- Härte
- Selbstüberprüfung
- Allumfassende Liebe
- Sind Neid, Neugier, Eifersucht, Ärger abgelegt
- Reine Gedanken
- Loslassen von Menschen und Wünschen
- Unabhängigkeit

Kein Lehrer oder Meister kann an seinen Schüler Forderungen stellen, die er selbst nicht erfüllt. Der Schüler wird vom Meister nur zum verborgenen Schlüssel geführt. Dann muß er alleine weitergehen, er muß loslassen vom Meister, obwohl er immer geführt wird. Dann kommen die Gesellenjahre - Voraussetzung, um die Meisterprüfung abzulegen. Dafür benötigt er seine ursprünglichen Fertigkeiten, denn kein Meister darf kopieren.

32. KARMA UND JENSEITSKONGRESSE

Die Hilfe, die euch aus der geistigen Ebene zur Verfügung steht, hat immer das Ziel, euch bei der Karmabewältigung zu unterstützen.

Aus diesem Grund muß ein unendliches, für euren Verstand nicht nachvollziehbares Netz ausgelegt werden, das alle Aspekte beinhaltet, die zur Karmaerlösung der Menschheit beitragen.

Wichtigstes Instrument hierbei stellt der Karmische Rat dar. Dieser besteht aus verschiedenen Meistern und Meisterinnen der Weißen Bruderschaft, die regelmäßig zusammenkommen, um über karmische Abläufe zu beraten und Entscheidungen zu treffen. Dabei geht es darum, wann und wo eine Seele inkarnieren darf und wie die Umstände sein werden, damit die Seele möglichst viel Karma abtragen kann. Es wird beraten über weltumfassende Ereignisse und Begebenheiten, die wichtig sein können, ganze Völker ihrer Karmaerlösung näherzubringen. Das ist eine schwierige Aufgabe, der wir uns stellen. Sie bedeutet hohe Verantwortung, Weitblick und auch Engagement unsererseits. Letzten Endes müssen wir Meister, jeder in seiner Form und Arbeit, dafür Sorge tragen, daß alle unsere Schüler in dieses Netz hineinpassen und nicht hindurchfallen, bevor sie ihre Aufgabe erledigt haben. Dabei ist es wichtig, daß der einzelnen Seele keine Aufgaben auferlegt werden, die sie nicht verkraften kann. Alles muß genauestens vorbereitet und geplant werden.
Aber auch andere Kongresse finden auf der geistigen Ebene statt. Es geht ja nicht nur darum, im Irdischen Hilfe zu leisten. Auch auf der geistigen Ebene muß es Fortschritt geben. Hier wird regelmäßig darüber beraten und entschieden, wie weit die einzelnen Seelen sich in der

Sphäre, in der sie sich befinden, weiterentwickelt haben, wie gut sie vorangekommen sind, und ob sie dazu berechtigt werden, ein neues Kleid anzulegen und in eine höhere Sphäre zu wechseln. Gleichzeitig muß auch dem Wunsch nach einer neuen Inkarnation Aufmerksamkeit geschenkt werden. Betroffen sind die Seele und die, die mit ihr in direkter Verbindung stehen, aber auch der Meister, der sich dafür verantwortlich fühlt. Es wird viel diskutiert, Resultate müssen begutachtet werden, Prüfungen finden statt, das Endergebnis muß für alle Beteiligten vielversprechend und positiv sein.

Möchte eine Seele wieder neu inkarnieren, findet ein kleiner Kongreß statt, damit sie nicht unvorbereitet in einen neuen Körper gehen muß. Alle zu erwartenden Aspekte der neuen Verkörperung werden in Zusammenarbeit mit dem Engel des Karmas und dem Meister besprochen. Die Seele entscheidet dann letztendlich alleine, ob sie den Dingen, die auf sie zukommen, gewachsen ist. Dann ist sie auch bereit, ein eventuell schweres Schicksal zu ertragen, wenn damit eine sinnvolle Karmaerlösung verbunden ist. Gleichzeitig wählt die Seele sich ihre geistigen Helfer aus, die sie durch die kommende Inkarnation begleiten sollen. Sie erhält Hilfe und Schutz für alle Bereiche ihres neuen Lebens.
Dort, wo die neuen Seelen nach dem Verlassen des irdischen Körpers ankommen, findet ebenfalls ein kleiner Kongreß statt. Nachdem die Seele zunächst geruht und sich von allem Erlebten etwas erholt hat, wird darüber entschieden, welches Kleid sie erhält, das ihrem Zustand und der Sphäre, in die sie zu gehen hat, entsprechen muß. Die Seele hat auch hier Mitspracherecht. Leider muß sie manchmal erkennen, daß sie sich zu hoch eingeschätzt hat. Aber immer wird alles gerecht erklärt, sie erhält ihren Einblick in ihre Akasha-Chronik und wird dann zur Selbsteinschätzung aufgefordert, die ihr keine andere

Wahl läßt, als rechtmäßig zu entscheiden. Ihr seht, alles, was auf der geistigen Ebene entschieden, beraten und geboten wird, hat mit der Erlösung des Karmas zu tun.

Wenn ihr nun bereit seid, im Irdischen euer Karma anzugehen und es zu bereinigen, geschieht im Grunde genommen nichts anderes. Wir erkennen euer Bestreben. Dann wird parallel dazu im Astralbereich ständig gearbeitet, beraten und geschult. Eure Probleme gehen ihrer Lösung entgegen. Eure Wege werden einfacher. Mißverständnisse werden bereinigt. Auch Rückführungen werden berücksichtigt. Alles birgt Ergebnisse in sich, jeder Schritt des Tages, jeder Gedanke, jedes Wort ergibt eine Veränderung eures Lebensplanes. Dieser ist dem ständigen Wandel unterworfen. Also muß auch ständig neu beraten werden. Immer wieder treffen wir zusammen, blättern neue Seiten im Lebensbuch auf und korrigieren die alten.
Vielleicht ist euch schon einmal aufgefallen, daß viele Menschen Kongresse und Versammlungen lieben. Wo immer es etwas zu beratschlagen oder zu verabschieden gibt, sind sie dabei. Das ist ein Zeichen dafür, wie wichtig diese Begebenheiten sind. Hier gibt es immer Fortschritt, neue Dinge zeichnen sich ab, Probleme werden, hoffentlich, gelöst.

Genauso ist es im geistigen Bereich. Nur ist es hier so, daß man auf der geistigen Ebene viel mehr Überblick besitzt und die Ergebnisse vorhersehen kann. Also läßt sich von dieser Warte auch viel einfacher die Richtung festlegen. Leider fehlt euch meistens das Erinnerungsvermögen. Aber Träume sind hier sehr aufschlußreich.

Euer ganzes Leben und der Fortschritt im Geistigen sind von Entscheidungen geprägt, die sehr wohl überlegt sein wollen.

33. KARMA UND LIEBESBEZIEHUNGEN

Jede Beziehung im Leben eines Menschen hat einen bestimmten Sinn, im Sinne seines Karma. Bereits relativ früh beginnt sich der Mensch für gleich- oder gegengeschlechtliche Wesen in der Art zu interessieren, daß gleichzeitig Körper, Geist und Seele eine bestimmte Anziehung ausüben oder verspüren. Die Ursache dafür ist, daß sich gewisse Menschen in einer Inkarnation begegnen müssen, um ihr Karma zu bereinigen.

In früheren Zeiten hat man dieses Thema mit einer anerzogenen Starrheit betrachtet und in festgefahrene Dogmen eingeordnet. Menschen trafen sich in der Regel im ersten Drittel ihres Lebens, lernten sich lieben oder auch nicht, und wurden schließlich durch die Ehe bis an ihr Lebensende verbunden. Jeder Schritt, der sich jenseits dieser eingefahrenen Spuren bewegte, galt als tiefste Sünde und wurde entsprechend bestraft und geahndet. Nun liegt hier die Feststellung nicht fern, daß diese Menschen selten Gelegenheit hatten, mehrere Seelen so anzutreffen, daß sie ein Karma, das noch zu klären war, hätten erlösen können.

In der heutigen Zeit hat sich das Denken der meisten Menschen geändert; man ist zumindest so frei geworden, verschiedene Beziehungen einzugehen, um sie ihrer Bestimmung der Karmaerlösung zuzuführen, bevor man eine Ehe schließt. Das ist schon ein großer Fortschritt, denn alles andere ist lediglich als Dogma der Kirche zu betrachten.
Wichtig ist dabei jedoch eines: Die Beziehungen sollten so lange aufrechterhalten werden, bis wirklich alles durchlebt und abgelöst ist. Man sollte sich also bemühen, Verständnis füreinander zu haben und

auch einmal Komplikationen und problematische Situationen durchzustehen, bevor man sich unüberlegt wieder trennt. Denn gerade hier liegt die Karmaerlösung. Es ist also nicht damit getan, sich zu finden, kurze Zeit miteinander zu verbringen, und sich dann unüberlegt wieder zu trennen. Jeder Mensch, der in sich hineinhören kann, wird nach bester Prüfung feststellen, wann die Zeit gekommen ist, sich von einem Partner zu lösen. Sonst ist das Karma nicht erlöst. In diesem Sinne ist auch zu beachten, daß man immer die Ursache für bestehende Probleme finden und sie beseitigen sollte. Geschieht dies nicht, wird sich die Ursache immer wieder in neuen ähnlichen Situationen zeigen.
Dies bezieht sich auch auf die Ehe, wenn sie problematisch verläuft und die Partner letztendlich zu dem Entschluß kommen, sich wieder zu trennen. Es ist nicht im göttlichen Sinne, daß sich zwei Menschen bis an ihr Lebensende quälen, nur um eine Ehe aufrechtzuerhalten. Eine vorschnelle Lösung jedoch bringt keine Endlösung. Dann taucht die gleiche Problematik immer wieder in neuen Verbindungen auf, bis die Ursache beseitigt und somit die Wirkung aufgehoben ist.
In eurer heutigen Zeit trennen sich die Menschen zu schnell wieder. Sie haben weder Geduld mit sich noch mit dem anderen. Sie denken einfach, sie passen nicht zusammen und lösen ihre Verbindung wieder auf. Selbstverständlich unterliegt diese Entscheidung immer ihrem freien Willen, jedoch wird sie sehr oft verfrüht getroffen. Solange die Ursache für Mißverständnisse nicht gefunden wird, ist auch das Karma nicht gelöst. Somit treffen sich diese Menschen wieder, um einen neuen Versuch zu machen.

Wir wollen hier ein einfaches Beispiel anführen, das jedoch für viele von euch ein unüberwindliches Problem zu sein scheint:

Eine Frau geht mehrere Beziehungen, vielleicht auch Ehen, ein und bekommt jedes Mal einen Partner, der sie kontinuierlich schlägt oder mißhandelt. Jede Flucht oder Scheidung führt zu einer neuen Beziehung, die ähnlich verläuft. Spätestens beim zweiten oder dritten Versuch müßte dieser Frau klarwerden, daß hier etwas nicht stimmen kann. Diese Frau hat vielleicht in einem früheren Leben als Mann gelebt und, seine Frau, manchmal auch seine Kinder oder andere Menschen mißhandelt. Im Grunde genommen ist das Prinzip sehr einfach zu verstehen, allerdings nicht für die Beteiligten, weil diese sich nicht vorstellen können oder möchten, selbst einmal so gehandelt zu haben. Man schiebt die Schuld lieber anderen in die Schuhe, da man sonst Verantwortung für sich selbst übernehmen müßte. Der Mensch betrachtet sich eben am liebsten als Opfer. Die Täterrolle in der Vergangenheit mit karmischer Folge ist ihm zu kompliziert, da sie Wiedergutmachung fordert. Wäre eine solche Frau beispielsweise bereit und in der Lage, dieses alte Muster aufzulösen, würde sie mit großer Sicherheit einen anders gearteten Partner finden. So einfach ist das Prinzip von Ursache und Wirkung. Und dieses Prinzip läßt sich auf alle Situationen im Beziehungsleben der Menschen anwenden.

Anders gelagert wiederum sind die Fälle, in denen ein Mensch sich gleichzeitig mit mehreren Partnern auseinandersetzt. Hier liegt eine gewisse Unfähigkeit vor, sich mit einem einzigen Partner zu beschäftigen. So sehen wir jedenfalls eine solche Situation.
Aber auch hier gibt es alte Muster und Zusammenhänge. In vielen Kulturen gilt auch heute noch das Prinzip, daß ein Mann mehrere Frauen haben kann. War nun jemand einmal in einer solchen Kultur inkarniert und hat in diesem Sinne noch eine Auflösung zu

vollziehen, wird er mit Sicherheit mit diesem Problem konfrontiert. Und alle daran beteiligten Personen haben ihren Karmaanteil. Hier gilt es zu erkennen, welcher Tatbestand immer wieder dafür sorgt, daß jemand sich in bestimmten Momenten diesem Reiz hingibt und nicht widerstehen kann. Es nutzt dann sehr wenig, jemanden zu verurteilen oder zu beschimpfen.

Noch immer wird von einem großen Teil eurer Gesellschaft die gleichgeschlechtliche Liebe verurteilt. Auch dieses Phänomen gab es schon immer, nur wurde es in früheren Zeiten oft verheimlicht, weil die Menschen größte Angst vor der Bestrafung durch die Kirche hatten. Da die Zeit freizügiger geworden zu sein scheint, hat man heutzutage eher den Mut, sich dazu zu bekennen. Hier liegt meist der Aspekt vor, daß die Partner in einem früheren Leben bestimmte Persönlichkeitsanteile, entweder männliche oder weibliche, nicht ausleben durften und extrem beschränkt wurden. Da sich die Seele dann diesen Aspekt für die Inkarnation vorgenommen hat, ist ihr Programm festgeschrieben. Zwar wählt die Seele im Vorfeld die Eltern aus und die Umgebung, in die sie inkarniert. Auch sind ihre Aufgaben von vornherein festgelegt. Hier liegt es nun an der Seele selbst, ihre Aufgabe oder, besser gesagt, ihr Programm abzuarbeiten, unabhängig von der Körpergestaltung. Viele Menschen lassen sich natürlich in die vorgegebene Form zwängen und leben nach den Regeln ihres Geschlechts, obwohl sie vielleicht nicht immer glücklich sind. Andere nehmen darauf keine Rücksicht und sind durchaus bereit, sich dem Unverständnis ihrer Mitmenschen auszusetzen.

Ihr seht, man muß vieles mit anderen Augen betrachten. Alles hat seine Ursache. Weshalb entwickeln manche Frauen typische männliche Fähigkeiten und

Männer typisch weibliche, die es eigentlich so gar nicht gibt? Jeder Mensch hat die gleichen Möglichkeiten. Aber manches wird nun halt einmal den Geschlechtern zugeordnet. Leider hat man erst in den letzten Jahrzehnten damit begonnen, die Gesellschaft freier zu gestalten, allen die gleichen Chancen einzuräumen.
Das Thema Liebesbeziehungen jedenfalls stellt ein großes Feld der Karmabearbeitung dar und sollte mit absoluter Feinfühligkeit angegangen werden. Leichtsinn und Überheblichkeit werden niemals eine Erlösung erwirken können.

34. KARMA UND MUTTERSCHAFT

Mutterschaft ist eine göttliche Einrichtung und bildet die Grundlage allen physischen Lebens. Ohne die Mutter wäre keine Inkarnation möglich. In diesem Sinne ist die Rolle der Frau und somit der Mutter für eure Gesellschaft überaus wichtig. Leider wird dies oft unterschätzt und verkannt. Die geistige Ebene legt größten Wert darauf, daß die Rolle der Mutter als eine Schlüsselfunktion betrachtet wird.
Die Seele, die eine Inkarnation geplant hat, sucht sich ihre Eltern und ihre Umgebung, in die sie hineingeboren werden möchte, exakt aus. Zu dem Elternpaar muß an dieser Stelle gesagt werden, daß die Mutter dabei den wichtigsten Faktor darstellt. Zwar ist die Vaterrolle für die Karmabewältigung der Seele ebenso wichtig, jedoch bildet die Mutter die zentrale Figur. Dies rührt daher, daß es zum größten Teil von der Mutter, ihrem Körper, ihrer Konstitution und ihrem Willen abhängt, wie sich das Leben der neuen Seele gestaltet. Bereits von größter Wichtigkeit ist, wie die Mutter auf die Schwangerschaft reagiert. Ist die Schwangerschaft erwünscht und verfolgt die Mutter infolge ihres höheren Bewußtseins im Zusammenhang mit der neuen Seele einen bestimmten Zweck, verbindet sich die Seele sehr schnell mit dem Fötus. Das bedeutet, daß diese Seele bereits während der Zeugung und im frühen Stadium der Schwangerschaft am Leben der Mutter Anteil nimmt. Alles, was der Mutter widerfährt, überträgt sich auf die Seele, die neu inkarniert.
Gerade diese Mütter sollten sich der großen Verantwortung bewußt sein, die sie von Anfang an übernehmen. Viele Mütter ahnen oder wissen nicht, daß die neue Seele diesen Anteil nimmt. Man kann die neue Seele so betrachten, als würde sie bereits in der äußeren Welt existieren, auch wenn man sie noch nicht

sehen und anfassen kann. Im Grunde genommen kann man sie ja sehen und anfassen, nur nicht außerhalb des Körpers der Mutter. Insofern besteht also auch ein Bewußtsein. Das wird leider oft vergessen. Da der neue Körper nun existentiell mit dem Körper der Mutter verbunden ist, wird natürlich nicht nur die Nahrung zusammen mit ihr aufgenommen, sondern auch jedes Gefühl, jede Emotion wie Glück, Frieden, Aufregung, Trauer, Wut, Haß, Neid, Eifersucht, Liebe, Schmerz, Geborgenheit - einfach alles. Deshalb ist es äußerst wichtig, daß sich die Mutter vom ersten Moment einer möglichen Schwangerschaft ihres Lebenswandels und ihrer Gefühlswelt voll bewußt ist. Alles überträgt sich auf den neuen Körper und muß von diesem verarbeitet werden wie von ihrem eigenen. Vereinfacht dargestellt kann man somit also sehr gut erkennen, daß hier ein großer zeitlicher Abstand in der Aufarbeitung besteht.

Hierzu ein Beispiel:
Eine Frau wird schwanger und hat eine Schwester, die vergebens versucht, ein Kind zu bekommen. Diese Schwester kann ihren Neid und ihre Eifersucht nicht verbergen. Während einer banalen Meinungsverschiedenheit zwischen den beiden Frauen, die in einen handfesten Streit ausartet, läßt die Schwester ihren Gefühlen freien Lauf und beleidigt die Mutter, indem sie ihr und dem Kind nur Schlechtes wünscht. Die werdende Mutter ist zunächst entsetzt, was sich sofort auf das Kind ebenfalls als Entsetzen überträgt. Die Schwestern streiten sich noch eine Weile, wobei die Mutter ihre Schwester wiederum beschimpft. Dies kann das Kind nicht nachvollziehen, da es sich verbal nicht wehren kann. Es übernimmt ja nur die Gedanken und Gefühle der Mutter auf der Astral- und Mentalebene und speichert so eine Emotion gegenüber

der Tante. In der weiteren Folge schließen die beiden Frauen vielleicht scheinbar Frieden, um den Erhalt der Familie zu garantieren. Die Mutter macht sich natürlich ihre Gedanken. All dies überträgt sich auf ihr Kind. Dieses Kind wird während der Inkarnation immer wieder mit der Schwester der Mutter Schwierigkeiten der gegenseitigen Akzeptanz oder Streitigkeiten haben, die stets aus den gleichen Gründen entstehen. Erst wenn die Ursache, die lange zurückliegt, erkannt und aufgelöst ist, werden diese beiden Menschen zu einem friedlichen Miteinander fähig sein.
Hier erkennt man, wie wichtig eine harmonische Atmosphäre während einer Schwangerschaft ist. Die neue Seele betrachtet alles so, als würde sie es selbst erleben und ertragen. Bereits hier kann also neues Karma entstehen.

Bei unerwünschten Schwangerschaften, aus welchem Grund auch immer, sollte die Frau sich rechtzeitig Gedanken über eine eventuelle Unterbrechung machen. Entscheidet sie sich aus guten Gründen gegen die Schwangerschaft, die auch aus geistiger Sicht vertretbar sind, wird die neue Seele nicht damit belastet, da ihr kein Schaden zugefügt wird. Das heißt: In einem solchen Fall würde eine Seele erst kurz vor der Geburt in den neuen Körper eintauchen, also dann, wenn keine Gefahr mehr besteht.

Jedes neue Leben sollte das Recht haben, gelebt und geliebt zu werden. Es hat immer einen göttlichen Auftrag mitgebracht, der niemals mißachtet werden darf. Aber auch hier hat der freie Wille des Menschen absolute Priorität und erfordert in der Folge natürlich auch hier die volle Verantwortung zur Übernahme der Konsequenzen.

Auch während der Geburt der neuen Seele spielt die Mutter eine große Rolle. Wie bereits in der ganzen Zeit vorher findet auch hier eine nonverbale Kommunikation zwischen beiden statt. Alles überträgt sich auf der Mental- und Astralebene. Es herrscht also immer ein reger Gedanken- und Emotionsaustausch ohne Worte. Deshalb wäre es wichtig, daß die Geburten so sanft und leicht wie möglich gestaltet werden. Man behauptet sehr oft, den Kindern würde dadurch der Kampfgeist des realen Lebens genommen. Das ist nicht richtig. Die Seele kommt, um ihr Karma zu erlösen. Sie wird es erledigen, aber auf ihre Art. Die Menschen, die eine schwere Geburt durchlebt haben, mögen zwar solche kämpferischen Aspekte besitzen, die aber nicht unbedingt durch die Geburt hervorgerufen wurden, sondern auch sonst existiert hätten. Durch die schwere Geburt wurden sie lediglich begünstigt oder sogar noch vertieft.

Auch im späteren Leben bleibt die Mutter immer die wichtigste Person für den Menschen. Sie stellt den ersten Kontakt zur Inkarnation dar, und sie steht meist auch mit am Ende des Lebens, selbst wenn sie dann bereits auf der geistigen Ebene existent ist. Es ist unwichtig, ob die Mutter Vorbild oder abschreckendes Beispiel für einen Menschen ist. Ihre Rolle ist immer gleich interessant und wichtig. Deshalb sollte sich jede Mutter ihrer Verantwortung bewußt sein, bevor sie einer Seele die Möglichkeit zur Inkarnation gibt. Sie ist und bleibt die Hauptbezugsperson für ihre Kinder und sollte dies niemals vergessen.

Die Rolle der Mutter verlangt sehr oft große Stärke. Wir wissen, wie schwer es ist, wenn Mütter ihre Kinder verlieren, oft schon während der Schwangerschaft. Zwar nehmen die Väter auch großen Anteil, aber die Mutter trägt auch hier den größeren Schmerz. Wichtig ist auch hier, die Situation zu hinterfragen. Es ist keine Willkür der Natur. Hinter allem steckt ein Sinn. Wenn eine Seele nicht mehr Erfahrung in dieser Inkarnation benötigt, hat sie im Grunde genommen eine große Gnade erfahren. Ihr wird im Irdischen vieles erspart bleiben. Das zu verstehen und zu akzeptieren, ist eine immense Leistung, die gerade Mütter erbringen müssen. Aber dadurch wird Trauer vermieden, die die Seele an das Irdische bindet, und es kann neues Leben entstehen, das eine andere Bestimmung hat. Nichts ist verloren, alles wird seiner korrekten Bestimmung zugeführt. Mütter haben eine Zentralfunktion - von der Entstehung des Lebens bis zu seinem Ende. Auch der größte Teil der Erziehung sollte durch sie geschehen. Das hat nichts mit alten Wertvorstellungen oder veralteten Ansichten zu tun. Die Mutter vertritt gleichzeitig Mutter Erde und kann den Kindern eine andere Sicht der Dinge zu ihren Aufgaben und ihrer Existenzberechtigung vermitteln, da sie den emotionalen Part einnimmt. Sie ist eher Ansprechpartner für die Probleme des Lebens als der Vater. Sie symbolisiert Vertrauen und Wärme. Diese Eigenschaften wollen wir den Vätern nicht absprechen, aber die Mutter stellt die ständige Verbindung zum Universum dar, auch wenn dies nicht immer wahrgenommen werden kann. Mütter spüren intuitiv, wenn ihre Kinder in Gefahr sind, da sie über die feinstofflichen Körper immer mit ihnen verbunden bleiben. Dieses Verhalten ist ja auch beim Tier zu beobachten. Der Instinkt der Mutter ist unschlagbar. Sie wittert jede Gefahr und eilt ihrer Brut sofort zur Hilfe.

Aus diesem Grunde haben Mütter auch oft das größere Problem des Loslassens, denn dies muß geübt werden, wenn es Zeit ist, die Abhängigkeit einzuschränken und die Kinder schließlich loszulassen. Dann gilt es, mit dem Kind eine freie Partnerschaft aufzubauen, die nicht mehr der Erziehung dient, sondern auf Freundschaft basiert. Gelingt dieser Prozeß, bleibt die Verbindung immer auf positive Art und Weise erhalten und kann sehr wertvoll sein. In diesem Sinne ist dann in der Regel auch eine optimale Karmabewältigung zwischen Mutter und Kind zu erwarten.

35. KARMA UND HEILUNG

Wie wir bereits in mehreren Kapiteln erwähnt haben, sind viele Krankheiten karmisch bedingt und in den einzelnen Zellen des menschlichen Körpers gespeichert.
Durch die Aktivierung der jeweils erforderlichen Programme brechen diese Krankheiten aus, alte Verletzungen wiederholen sich, körperliche Mißbildungen oder Schmerzzustände werden wieder deutlich. Die Palette der körperlichen und geistigen Krankheiten ist ebenso vielfältig wie deren Heilungsmethoden.
Dabei ist es im Vorfeld sehr wichtig zu betonen, daß der Mensch für folgende Faktoren verantwortlich ist:

- die Ursache der Krankheit, die nicht in diesem Leben zu finden ist;
- den erneuten Ausbruch der Krankheit oder ihre Symptome;
- den erforderlichen Erkenntnisprozeß auf der Suche nach der Ursache;
- die Veränderung der Lebensweise, der persönlichen Einstellung zu sich und seinen Mitmenschen;
- den Umgang mit der Krankheit und gegebenenfalls die Akzeptanz der Unheilbarkeit

Die große Masse der Menschheit sucht die Ursache und somit den Zeitpunkt des Ausbruches einer Krankheit immer noch im Jetzt, also in der heutigen Inkarnation. Am sinnvollsten erscheint es offensichtlich immer noch, diese Faktoren auf das Fehlverhalten der Mitmenschen oder der gesamten Gesellschaft zu übertragen. Laßt mich betonen, daß sich alles wiederholt, sowohl das eigene als auch das allgemeine Fehlverhalten. Es ist lediglich der aktuellen Epoche angepaßt. Sicherlich ist dies für die Menschheit schwer zu verstehen, da sie ja im Jetzt lebt und sich nicht vorstellen kann, die gleichen Fehler schon einmal gemacht zu haben. Viele Krankheiten haben ihre Ursache in der Vergangenheit und möchten nur noch einmal auf das Fehlverhalten, das sich in diesem Leben wiederholt, aufmerksam machen, damit das zeitalterlange Karma endlich aufgelöst werden kann. Das geschah in vielen Inkarnationen und wurde damals so wenig beachtet wie leider auch oftmals heute.

Heutzutage allerdings ist das Bewußtsein vieler Menschen, die auf diesem Gebiet helfend und heilend tätig sind, gewaltig erwacht und gestiegen. Zwar besitzen eure Mediziner einen, vermeintlich, hohen Wissens- und Entwicklungsstand, der auch ohne Bedenken zu befürworten ist, allerdings fehlt ihnen immer noch zum größten Teil die Fähigkeit, das Aktuelle mit dem Vergangenen zu kombinieren. Es werden daher zwar manche Krankheiten erfolgreich behandelt, aber es fehlt die Erkenntnis der Ursache, was zwingend zu einer neuen Krankheit führt. Das bedingt, daß gerade die Mediziner in der Gesellschaft einen guten Stand haben, was ihnen auch ohne Zögern zu gönnen ist. Hier wird nun die Medizin angesprochen, aber auch in anderen Lebensbereichen trägt die Unwissenheit der Menschen im Hinblick auf die Ursachen der Probleme immer wieder dazu bei, bestimmten Berufsgruppen eine materielle Basis für ihre Tätigkeit zu schaffen. Das soll bitte keinen Vorwurf darstellen, da dies alles tatsächlich auf der Unwissenheit der gesamten Menschheit aufbaut. Wir möchten dies nur ganz klar betonen. Wäre man endlich soweit, die offiziell anerkannten Methoden mit denen der geistigen Ebene zu verbinden, könnten die Menschen besser gesund werden und auch andere Probleme lösen,

ohne daß jemand unter diesen Umständen zu leiden hätte.
Die geistige Welt hat nun gerade in diesem Zeitalter des Umbruches dafür gesorgt, daß sich viele Seelen inkarniert haben, die als Schüler und Helfer der geistigen Ebene im Irdischen eingreifen möchten. Sie arbeiten als spirituelle Therapeuten, als Geistheiler, als Medien usw. Sie alle lassen nichts unversucht, den Menschen, vor allem den kranken oder unglücklichen, an die Ursache und somit die Auflösung seiner Blockaden und schließlich Heilung seiner Krankheiten und Probleme zu führen. Was sich nun leider im Laufe der Zeit herauskristallisiert hat, ist die Tatsache, daß die meisten Menschen zwar neugierig sind zu erfahren, aus welchem Topf sie sich früher versorgt haben, um in diesem Leben mit bestimmten Dingen fertig zu werden. Geht es aber an die Aufarbeitung dieser Faktoren, stürzen sie sehr häufig in ein großes Chaos.
Dies bedeutet: Sie scheitern häufig genug bereits im Erkenntnisprozeß. Solange andere noch damit bemüht sind, sie auf den richtigen Weg zu führen, droht ihnen, wie sie meinen, noch keine Gefahr. Um jedoch den Erkenntnisprozeß und dann den weiteren Verlauf zu forcieren, sind Eigenarbeit und unabdingbare Bewußtseinsveränderung erforderlich. Das ist der Lohn, den die geistige Welt für ihre Hilfestellung fordert, denn, wie jeder Mensch weiß, wird ihm die Karmabewältigung nicht abgenommen und auch nicht über ein gewisses Maß hinaus erleichtert.
Gerade bei der Arbeit der Medien, die im Zusammenhang mit der göttlichen Führung sehr oft Einblick in alte Gewohnheiten, Fehlverhalten und somit die Ursachen gewinnen, sieht man, daß die Menschen, die diese Informationen erhalten, sofort genaue Aussagen über den Verlauf und die Heilungschancen ihrer Krankheiten und Probleme verlangen. Dies trifft auch

auf jede Art der Geistheilung und spirituellen Behandlungsform zu, weil der Mensch glaubt, den Zustand des Mediums oder des Heilers nutzen zu können, um Patentlösungen für sich - und nur für sich und nicht die Allgemeinheit - zu erhalten und gleichzeitig die Verantwortung für das Gesagte oder Erfolgte auf diese Person übertragen zu können. Das muß hier einmal ganz klar und deutlich gesagt werden, denn ein Medium ist lediglich ein Kanal für die Belehrung oder die Energieübertragung aus einer anderen Ebene. Ein Medium kann für das, was es weitergibt, keine Verantwortung übernehmen, da es nur als Transformator oder als Kanal für die Energieübertragung zu sehen ist. Hauptperson ist immer noch der Hilfesuchende. Die geistige Ebene darf immer so agieren, wie es für diese Person richtig ist. Sie darf Lösungen vorschlagen, Fehlverhalten aufzeigen und Energie spenden. Das Endresultat hängt jedoch immer davon ab, wie der Hilfesuchende mit sich, seiner Umwelt und seiner Krankheit oder seinen Problemen umgeht.

Das bedeutet: Die geistige Ebene kann einem Menschen durchaus die Heilung einer Krankheit in Aussicht stellen, wenn er bestimmte Dinge in der Kombination mit einer medizinischen Behandlung ändert - wie beispielsweise seine Lebensweise, seine Ernährung oder das Verhalten sich selbst oder anderen gegenüber. Also auch hier geht es wieder darum, die Krankheitsursachen zu beseitigen, wobei sich dieser Mensch nicht darauf verlassen kann, in jedem Fall geheilt zu werden, komme was wolle. Es ist immer abhängig davon, wie er anschließend mit allem, was er erfahren hat, umgeht. Auch sind die Aussagen oder Handlungen, die vollzogen werden, immer nur als Ratschlag und Empfehlung anzusehen, da der freie Wille des Menschen höchste Priorität genießt. Er muß seine Intuition benutzen, um alles zu überprüfen, was man ihm vorschlägt, um es mit gutem Gewissen in sein Leben integrieren zu können. Es darf nicht zu einer Abhängigkeit kommen.

Nun müssen wir noch über das Thema: „Unheilbarkeit von Krankheiten" sprechen. Auch das muß ein Mensch bereit sein zu akzeptieren. Es gibt bestimmte karmische Abläufe, die eine notwendige Lebenserfahrung bedingen. Wir können zwar immer versuchen, das Leiden zu erleichtern, zusätzliche Energie zu spenden und den Menschen motivieren, sein Leben zu leben, unabhängig von der Schwere des zu Ertragenden. Abgenommen werden kann ihm jedoch weder der Leidensweg noch der Tod, den er erfahren muß, wenn es so vorgesehen ist. Auch kein Arzt kann im Vorfeld durch bestimmte Operationen und Behandlungsmethoden die Heilung garantieren. Genauso wenig darf die geistige Welt eingreifen und den Menschen erschrecken oder verunsichern. Wir müssen immer bestrebt sein, den Menschen zum Leben zu ermuntern, damit er möglichst viel Karma erlösen und abtragen kann.

Dieser Punkt stellt sozusagen eine Gefahr für die Menschen dar, die bei diesen Prozessen Hilfestellung leisten. Es ist leider immer noch so, daß viele Therapeuten der Meinung sind, alles, was aus der geistigen Ebene kommt, wäre von ihnen zu verantworten. Leider sind viele Helfer aus diesem Grunde sehr verängstigt und dadurch nicht immer in der Lage, frei und ohne Hemmung mit uns zu arbeiten. Sie haben immer noch Angst vor Verfolgung und Bestrafung.
Es ist wichtig, daß die Menschen erkennen: Alle Hilfe, die aus der geistigen Ebene kommt und von den Hilfesuchenden verstanden wird, ist positiv. Man würde sofort erkennen, wenn sich etwas Negatives einschlei-

chen würde. Dann wäre die Hilfe nicht so ausgelegt, daß sie zum Wohle des Menschen arbeitet. Selbstverständlich müssen wir uns zurückhalten und dürfen nur das preisgeben, was der Mensch ertragen kann. Sonst würden wir uns falsch verhalten und neues Karma hervorrufen. Deshalb geschieht die geistige Arbeit oft über Symbole und gelegentlich über verschlüsselte Informationen, die aber immer zum richtigen Zeitpunkt gedeutet werden können.

Wir wissen, es ist eine harte Arbeit, die euch oftmals gnadenlos erscheint. Aber wer von euch das Prinzip durchschaut hat, sollte dankbar sein für die Hilfe, die euch in dieser schweren Zeit zuteil wird. Das einzige Hindernis liegt in euch selbst und in eurer Gesellschaft. Ihr seid immer noch zu wenig eine Einheit. Jeder neidet dem anderen den Erfolg. Viele meinen, wenn sie in diesem Leben studiert haben, gewisse Privilegien zu besitzen, die es ihnen erlauben, andere geringschätzig zu behandeln. Die spirituelle Arbeit wird immer noch als Hokuspokus abgetan, der nicht beweisbar ist. Dennoch wäre manches zu beweisen, wenn man nur versuchen würde, mit- statt gegeneinander zu arbeiten. Wenn ihr euch bemühen könntet, die Logik hinter dieser Sache zu sehen, wäre vieles leichter. Die Suche nach der Ursache kann und soll niemals die Medizin ersetzen oder verdrängen, da die Krankheit in diesem Moment bereits präsent ist und behandelt werden muß. Sonst hätte sich die Medizin nie so weit entwickeln können. Was kann denn schon geschehen, wenn man versucht, parallel zur klassischen Behandlung der Krankheiten über alternative Methoden an die Ursachen zu kommen? Das einzige, was passieren kann, ist, daß ein Mensch wirklich heil wird. Wem würde dies schaden? Die Antwort müßt ihr selbst finden, und auch hier ist wieder Ehrlichkeit gefragt!

36. KARMA UND IRDISCHE SCHULD

Karma ist das Vermächtnis vieler Inkarnationen, das ein Mensch mitgebracht hat, um damit konstruktiv zu arbeiten. Es hat viele Gesichter. In der Regel betrachtet der Mensch Karma als Schuld, die er abzutragen hat. Selbst wenn dies so ist, bedeutet Karma letztendlich immer etwas Positives, da der Mensch daraus lernt und als Endresultat aus dem Negativen etwas Positives machen kann. Das ist natürlich mit viel Arbeit und großem Durchhaltevermögen verbunden.

Was ist nun irdische Schuld? Viele Menschen versuchen mit ihrem Intellekt, irdische Schuld als Karma abzustempeln und in die Schublade des momentanen „Da kann ich doch nichts für" abzulegen. Irdische Schuld läßt sich jedoch sehr gut erkennen und vom Karma unterscheiden. Voraussetzung dafür ist, daß der Mensch sich sehr gut beobachten, kontrollieren und beurteilen kann.
Daraus ergibt sich, daß auch nur der Mensch zu dieser Unterscheidung in der Lage ist, der sein Bewußtsein entsprechend erweitert und den Unterschied mit seinem Intellekt verstanden hat. Karma ist eine Schuld oder kann eine Schuld sein, die ohne eine bewußte Vorarbeit auftaucht. Das ist etwas schwer zu verstehen. Es bedeutet folgendes: Ein Mensch wird beispielsweise ohne eine Vorahnung in ein Unglück, einen Unfall oder eine Lebenssituation verwickelt, die er weder bewußt vorausgesehen noch herbeigewünscht oder herbeigeführt hat. Er wird in die Dinge verstrickt und muß sehen, wie er damit klarkommt Durch bestimmte Umstände wurde ein altes Programm aktiviert, das die notwendige Karmabewältigung in Gang gesetzt hat.

Irdische Schuld hingegen setzt bestimmte Gedankengänge oder Taten voraus, die genau durchdacht oder geplant werden, die also nicht einfach geschehen, sondern in Szene gesetzt werden müssen. Dadurch kann neues Karma geschaffen werden, das entweder im gleichen oder in einem späteren Leben wieder abgetragen werden muß.

Hierzu zwei Beispiele:
Jemand sucht bewußt Streit mit seinen Mitmenschen, obwohl überhaupt kein Anlaß dazu besteht; ein anderer, der sich der Auswirkung negativer Gedanken absolut bewußt ist, denkt über bestimmte Mitmenschen sehr schlecht oder wünscht ihnen Schlechtes, womit er sie im Grunde genommen mental bestrafen möchte. Da alle diese Gedankenkräfte äußerst wirksam sein können, wird die Wirkung nicht lange auf sich warten lassen. Hier liegt die Ursache des im Jetzt neu geschaffenen Karmas. Sie kann wieder aufgelöst werden, wenn sich dieser Mensch seiner Taten bewußt wird, sie bereut, sich entschuldigt oder alles wiedergutmacht. Geschieht diese Bereinigung nicht im Jetzt, muß sie notwendigerweise auf später bzw. auf ein späteres Leben verschoben werden. Deshalb sollte es allen Menschen sehr wichtig sein, sämtliche Unstimmigkeiten oder Streitigkeiten in ihrem jetzigen Leben zu bereinigen und sich mit ihren Feinden zu versöhnen.
Man kann also sagen: Irdische Schuld entsteht immer bewußt oder wird bewußt geschaffen. Sie erfolgt nicht aus einem Affekt oder einem Zwang heraus, der auch durch andere aktiviert werden kann.
Der Unterschied ist nicht leicht zu erkennen. Im Grunde genommen liegt es am betroffenen Menschen selbst, herauszufinden, ob er neues Karma geschaffen hat oder in ein altes Karma verstrickt wurde. Auflösen muß er es immer selbst. Allerdings kann er irdisches Karma sehr schnell wieder bereinigen, da es bei den

Betroffenen noch nicht ins Unterbewußtsein eingedrungen und dort verankert ist. Das heißt: Die anderen beteiligten Menschen können die Tat noch nachvollziehen und müssen nicht erst an ihr Unterbewußtsein herangeführt werden, um die Tat wirklich begreifen und dann verzeihen zu können.

Nehmen wir wieder das Beispiel eines Streites:
Hier kann noch jeder nachvollziehen, wo die Ursache lag. Begegnen sich aber zwei Menschen, die sich von der ersten Minute an hassen, bei denen sozusagen eine Antipathie besteht, weshalb sie ständig streiten, liegt die Ursache meistens viel tiefer. Hier ging sehr oft ein banaler Streit in einem früheren Leben voraus, der nie begraben wurde. Ich wiederhole noch einmal zur Erklärung: In einem früheren Leben kannte man die Ursache, hat sie jedoch nicht behoben oder beheben können, wie es oft bei einem Mord der Fall ist. Hier muß die Bereinigung später erfolgen, in welcher Form auch immer.

Im Grunde genommen hat irdische Schuld immer mit der Mentalebene zu tun, da sie bewußt aufgebaut wird. Der Mensch muß sich mit vollem Bewußtsein für einen Fehler entscheiden, den er allerdings genauso wieder revidieren kann. Karma hingegen geschieht auch dann, wenn ein Mensch diese Wirkung im Grunde genommen gar nicht auslösen möchte.

Ein Beispiel hierzu zum besseren Verständnis:
Ein Mensch ist sehr friedliebend und lebt harmonisch mit seinen Mitmenschen zusammen. Plötzlich wird er in einen fürchterlichen Streit verwickelt, den er dann anders bereinigen muß. Es kann ihm nämlich passieren, daß er selbst gar nicht der Auslöser war und daher die Sache auch nicht mit einer Entschuldigung

bereinigen kann. Vielmehr wird ein Kreislauf in Gang gesetzt, den er in keinster Weise abschätzen kann und der ihm in der Folge vielleicht die ganze Kraft raubt. Hier wird ein altes Karma aktiviert, das viel tiefergreifende Ursachen hat.

Ein anderes Beispiel:
Eine Mutter, die ihre Tochter sehr liebt, gerät mit ihr wegen bestimmter Punkte immer wieder in Streit oder Meinungsverschiedenheiten. Hier geht es nicht um einmalige, irdische Begebenheiten, die schnell ausgeräumt sind, sondern oft um weltanschauliche Dinge, die ihre Ursachen in einer Zeit haben, die lange vor diesem Leben liegt.

In diesem Sinne sollte jeder Mensch darauf bedacht sein, neue Schuld zu vermeiden, die letztendlich in ein Karma ausarten kann. Deshalb ist eine ständige Kontrolle der Gedanken, Worte, Gesten und Taten erforderlich, denn es genügt, das abzutragen, was der Mensch mitgebracht hat.

37. KARMA UND INKARNATIONEN AUF ANDEREN PLANETEN

Irdisches Karma ist immer von der Abtragung im Irdischen abhängig. In diesem Sinne herrscht bei vielen Menschen ein Mißverständnis. Viele glauben, sie hätten während ihres zeitalterlangen Wandels auch Inkarnationen auf anderen Planeten erfahren, die ebenfalls zur Erlösung ihres Karmas dienten. Das ist leider nicht der Fall.

Seht es so: Was hier auf Erden in einer Inkarnation als Karma aufgebaut wurde, muß auch auf der Erde wieder abgetragen werden, da nur hier die Vorbedingungen für eine solche Arbeit herrschen. Ihr braucht dazu die gleiche Materie, die gleichen Voraussetzungen. Lediglich die Epoche ist eine andere, und die materiellen Voraussetzungen sind anders gestaltet. Ansonsten wiederholt sich alles in ähnlicher Form.

Inkarnationen auf anderen Planeten haben eine ganz andere Zielsetzung und Aufgabe. Ihr könnt es euch sehr schlecht vorstellen, aber auch dort herrscht ein besonderes System der Existenz, wenn auch die Voraussetzungen ganz anders sind und andere Lernziele verfolgt werden. Dort kennt man eure irdischen Gesetze nicht, und deshalb kann auch dort kein Karma aus einer irdischen Vergangenheit abgetragen werden.

Jeder Planet besitzt seine Atmosphäre und seine Gegebenheiten. Sicherlich gibt es auch dort zeitweise Unstimmigkeiten, die bestimmte Folgen hervorrufen. Diese sind jedoch anderer Art und müssen auch anders bearbeitet werden. Dort kann man zum Beispiel vieles auf der Mentalebene wieder bereinigen, da die Wesen alle den gleichen Entwicklungsstand besitzen. Das ist ein Vorteil, den andere Planeten genießen. Die Wesen dort haben bestimmte Lernzwecke zu erfüllen, sie erfahren neue Fähigkeiten, bilden sich fort und übernehmen teilweise Aufgaben, um euch auf der Erde zu helfen. Dies setzt einen höheren Entwicklungsstand des Bewußtseins voraus, als ihr ihn zum größten Teil habt. Insofern ist dort also keine Karmabewältigung möglich, die aus Erdenleben resultiert. Deshalb könnt ihr außerirdische Leben nicht mit irdischen Leben in Verbindung bringen. Was ihr euch dort habt zuschulden kommen lassen, müßt ihr auch dort wieder bereinigen. Karma, das auf einem anderen Planeten entstanden ist, kann nur ins Irdische übernommen werden, wenn es nicht mehr rechtzeitig auf dem Planeten bereinigt werden konnte, etwa durch einen Unfall in der Atmosphäre. Allerdings stehen euch auf der Erde nicht die Gegebenheiten zur Verfügung, dieses Karma hier aufzulösen. Es mag euch vielleicht durch eine Vision manches klar werden, jedoch sind die Energien nicht so aufgebaut, daß eine Erlösung auf der irdischen Ebene machbar wäre. Das bedeutet, ihr werdet zu einem anderen Zeitpunkt wieder auf diesen Planeten zurückkehren, um dort einen Ausgleich vorzunehmen. Das ist jedoch äußerst selten der Fall.

Eine Ausnahme ist höchstens dann gegeben, wenn dieser Planet zerstört wurde, sehr oft durch Mißbrauch, ähnlich wie in Atlantis. Dann tauchen in der irdischen Inkarnation die von dort mitgebrachten Blockaden auf, wie zum Beispiel Implantate usw., die durch die Bewußtseinsarbeit aufgelöst werden können. Dies wird dadurch begünstigt, daß ja auch andere Wesen irdisch inkarniert sind, denen man früher außerirdisch begegnete, da alle eine neue Ebene für die Auflösung gesucht haben.

Wie bereits erwähnt, dienen Leben auf anderen Planeten in der Regel zur Vervollkommnung eures Wissens und eurer Fähigkeiten. Oder es muß sich ein Zwischenfall ereignen, der ein entsprechendes Chaos ausgelöst hat, um derartige Folgen zu ermöglichen. In diesem Sinne kann man sagen, daß die irdische Inkarnation die schwierigste im gesamten Planetensystem darstellt, da hier die Verbindung zur Materie besonders stark ist, das heißt, die Wesen sind sehr schwerfällig und dadurch sehr wenig feinstofflich angelegt. Aus diesem Grunde fällt es euch relativ schwer, an euer Karma heranzukommen und es mit vollem Bewußtsein aufzulösen.

Auf anderen Planeten ist dieser Zustand nicht mehr vorhanden, das heißt, die Wesen sind feinstofflicher, so wie es der Mensch auch einmal war. Hierdurch können sie sich ganz anders verständigen und viele Mißverständnisse kommen erst gar nicht auf. Man geht anders miteinander um und vermeidet somit neue Karmabildung.
Etwas möchte ich noch am Rande erwähnen: Es ist nicht so, daß ein Mensch zuerst sein ganzes irdisches Karma erlöst haben muß, bevor er auf einem anderen Planeten inkarnieren darf. Die Seele darf in Absprache mit dem Karmischen Rat entscheiden, wohin sie geht, wenn sie sich neu manifestiert. Es ist sozusagen eine Gnade, wenn sie zwischen den irdischen Inkarnationen auf anderen Planeten leben und Erfahrungen machen darf. Die dort erworbenen Fähigkeiten darf sie dann in die nächste irdische Inkarnation mitnehmen, um der Menschheit damit zu dienen. Sie kommt dann mit ihrer irdischen Karmaerlösung schneller voran. Allerdings müssen die erforderlichen Schritte und menschlichen Begegnungen im Irdischen vollzogen werden.
Man kann also sagen: Die Fehltritte, die auf der Erde zu bereinigen sind, müssen im Irdischen begangen werden und sind auch nur hier erlösbar.

38. KARMA UND SEINE ERLÖSUNG IN DER SCHLAFPHASE

Der Schlaf hat für den Menschen eine große Bedeutung. Einerseits bietet die Schlafphase dem menschlichen Körper und seinen Zellen und Organen Erholung, um den Strapazen des Alltags gerecht zu werden und Müdigkeit auszugleichen, die von körperlicher Beanspruchung herrührt.

Dabei läßt der Mensch jedoch meistens die geistige Erholung außer Acht. Diese bezieht sich auf verschiedene Ebenen. Es gibt Menschen, die mit ihrem Intellekt sehr intensiv in das allgemeine Tagesgeschehen eingespannt sind. Das heißt, ihr Geist ist sehr angestrengt, und bedarf einer Ruhepause, um am nächsten Tag wieder voll aktions- und reaktionsfähig zu sein. Auch Schüler benötigen in anstrengenden Lernphasen mehr Schlaf und geistige Erholung als in Zeiten geringerer Belastung oder in den Ferien.

Das ist eine Seite der geistigen Erholung. Achtet hier bitte auf die Bedeutung der Worte: Schlaf dient der Erholung und Beseitigung körperlicher und geistiger Überanstrengungen und Belastungen. Was kann also noch geschehen?

Seht es so: In eurem alltäglichen Leben begegnet ihr Menschen und Situationen, die mit eurem Karma zu tun haben - also euren Mühen, euren Lebensweg zu gehen, verbunden mit all den oben erwähnten körperlichen und geistigen Anstrengungen. Die meisten Menschen beachten das nicht, da sie diese Aspekte des Alltages nicht oder nur selten erkennen. Aber diese karmischen Aspekte müssen ebenso verarbeitet werden wie die anderen Glieder der Kette. Das müßte logisch sein, da ihr ja die anderen Anstrengungen auch verarbeiten müßt. Ihr könnt diese karmischen Aspekte gut erkennen.

Ein Beispiel: Ihr hattet eine Auseinandersetzung mit einem Menschen, und diese verfolgt euch noch am Abend, wenn ihr schon zu Bett gegangen seid. Wie oft läßt sie euch nicht einschlafen? Manchmal geschieht es dann, daß ihr noch im Traum an diesem Thema arbeitet und unausgeschlafen oder mißmutig am nächsten Tag erwacht. Hier seht ihr sozusagen die Ausnahme, die die Regel bestätigt. Alles, was ihr im Laufe eines Tages erlebt, wird im Schlaf bearbeitet, gelöst - oder auch nicht.
Das läßt sich so erklären: Euer Geist und eure Seele, die über die Ursachen verschiedener Aspekte informiert sind, nehmen diese anders auf als euer Verstand und sind auch ganz anders dazu bereit, mit diesen Aspekten umzugehen. Also muß euer Verstand logischerweise in eine Ruhephase versetzt werden, damit er sich mit seinem Alltagsbewußtsein nicht mehr dazwischendrängen kann. Da die wenigsten Menschen dazu bereit und in der Lage sind, diese Dinge über die Meditation, also die Stille, zu erledigen, muß zwangsweise die Schlafphase dazu benutzt werden.
Vieles wird nun in dieser Phase entsprechend gesteuert. Wenn ihr euch beispielsweise an einen Traum intensiv erinnern könnt, dient die Erkenntnis aus diesem Traum immer der Klärung einer Lebenssituation, die entweder bereits besteht, oder die in Kürze eintreten wird. Der Traum enthält Symbole und Schlüssel, die euer Karma betreffen und euch über das Unterbewußtsein behilflich sein wollen, eine Lösung zu finden. Sicherlich ist es nicht immer leicht, den Traum zu entschlüsseln. Das hat auch seinen Grund. Ihr müßt es so sehen: Träume werden von einer Ebene in euer Bewußtsein gebracht, die keinen direkten Einfluß auf euer Karma ausüben darf, da hier die Gefahr der Manipulation gegeben wäre. Also ist es notwendig, daß der Mensch selbst hinter die Bedeutung kommt, um

sie dann freiwillig und entschlossen in sein Leben zu integrieren.
Jeder Mensch träumt, auch wenn er es nicht wahrnimmt. Diese Träume sind ebenso im Unterbewußtsein verankert und finden dort ihren Ausdruck. Hier handelt es sich meistens um Träume, die den Menschen im Moment zu sehr belasten und erschrecken würden.
Das Unterbewußtsein geht damit etwas einfacher um, da es ständig damit beschäftigt ist, Eindrücke zu sammeln und auszuwerten. Es ist sozusagen die Schaltzentrale für sämtliche Eindrücke eines Lebens.
Abgesehen von den direkten Einflüssen über die Träume verläßt der Mensch ja nun, wie ihr wißt, während der Schlafphase seinen Körper, um sich im Astralbereich bzw. in verschiedenen Sphären, je nach Entwicklungsstand, aufzuhalten. Dort erhält er nun Schulung, Information und Ratschläge. Vieles, was ihm im Tagesbewußtsein widerfahren und begegnet ist, wird dort nochmals abgehandelt und entsprechend bearbeitet. Hier sieht der Mensch auch seine Fehler ein, die er gemacht hat oder die er im Begriffe ist, zu machen. Allerdings ist der Verstand im Alltag dann nicht immer in der Lage und bereit, auf die erfahrenen Aspekte zurückzugreifen. Als Folge wird das Karma dann nicht entsprechend bearbeitet, es kann verstärkt oder seine Bearbeitung hinausgezögert werden.
Hier ein Beispiel zum besseren Verständnis:
Zwei Menschen streiten sich in einer Geldangelegenheit. Sie trennen sich am Abend mit einer Wut, die der Lage angemessen ist. Jeder der beiden beschäftigt sich den ganzen Abend gedanklich mit diesem Thema. Vielleicht wird die Sache noch mit anderen Menschen beim Abendessen besprochen, die sich dann auch noch damit beschäftigen.
Beide gehen später zu Bett und ärgern sich immer noch über den anderen. Nun gibt es verschiedene

Möglichkeiten: Entweder beide (oder einer der beiden) träumen intensiv und sind in der Lage, den Traum zur Erkenntnis zu entschlüsseln, oder beide treffen sich im Astralbereich zu einer neuen Auseinandersetzung. Diese kann sich auch wieder verschiedenartig abspielen. Es kann sein, daß sich beide Seelen treffen und die Angelegenheit ausdiskutieren, und zwar auf einer Ebene, die keine bösen Worte kennt, sondern die Ursache des Streites an der Basis erkennt. Das heißt, in diesem Moment wissen beide, was sie in einem anderen oder auch in diesem Leben grundsätzlich falsch gemacht haben, damit der Streit entstehen konnte. Die Folge davon ist, daß sich nun im Tagesbewußtsein Dinge ereignen, die eine Möglichkeit der Versöhnung bieten. Der Verstand muß jedoch dazu bereit sein. Das ist der Grund, warum ein Mensch den anderen um Verzeihung bittet und von seiner Forderung zurücktritt. Die andere Person kann dies oft nicht verstehen. Sie kann nun die Entschuldigung annehmen oder ihrem Unbehagen folgen und hinter der Entschuldigung die nächste Keule vermuten. Dies ist dann Erkenntnisarbeit und wird gegebenenfalls über lange Zeit hin in der Schlafphase erfolgen.
Eine andere Möglichkeit im Astralbereich besteht darin, jede Seele unabhängig von der anderen an die Bearbeitung heranzuführen. Das heißt: Jeder der Beteiligten erfährt über die Schulung und den Wunsch der Erkenntnis, soweit er vorhanden ist - denn dies ist die Voraussetzung - den Hintergrund und kann dann im Tagesbewußtsein an die Erlösung herangehen. Aber es muß nochmals betont werden: Es funktioniert nur, wenn der Mensch wünscht, daß die Mißstände und Mißverständnisse beigelegt werden. Streitet er sich gerne und freut sich darüber, den anderen immer wieder zu ärgern, wird er keine Lösung erfahren. Er muß also sein Karma erlösen wollen.

Unterstützt werden alle diese Erkenntniswege natürlich durch die bewußte Arbeit im Sinne der Karmaerlösung, also durch intensive Bewußtseinsarbeit.
Daran kann man sehen, wie wichtig die Schlafphase für den Menschen ist. Ihr denkt oft, im Schlaf würdet ihr nur die Tagesgeschehnisse verarbeiten. Das stimmt zwar, allerdings werden die Tagesgeschehnisse immer beeinflußt und gelenkt durch eure Vergangenheit und euer Karma, das die Geschehnisse produziert. Deshalb ist es wichtig, daß jeder Mensch genügend Schlaf bekommt, um sich selbst zu helfen. Schlafen ist nie verlorene Zeit, im Gegenteil, sie kann wertvoller sein als Zeit, die im Tagesbewußtsein sinnlos abgesessen wird.

39. GEISTIGES KARMA

Wir haben viel über irdisches Karma gesprochen, das sich in den Beziehungen der Menschen untereinander und in anderen Erscheinungen wie zum Beispiel Krankheiten zeigen kann. Daneben gibt es noch das Karma, das sich in geistigen Verbindungen bemerkbar macht und auch dort seine Erlösung sucht und findet.

Ich möchte es einmal so ausdrücken: Es gibt Menschen, die sich vielleicht schon seit ihrer Kindheit kennen, sich in ihrer Jugend oder im Erwachsenenalter finden, und die eine geistige Verbundenheit feststellen, die sie nicht als alltäglich empfinden. Kinder können diese Verbundenheit selten wahrnehmen und entsprechend nutzen. Je älter die Menschen werden, desto klarer wird ihnen jedoch, daß es sich bei einem nahen Verwandten oder bei einem Freund um jemanden handeln muß, der sich mit ihnen auf einer anderen Ebene verständigt. Dies nennt man geistiges Karma.

Ihr alle kennt Menschen, gehört im Glücksfall zu ihnen, die einen Freund oder einen Angehörigen gefunden haben, mit dem sie über alle Probleme sprechen können, der sie immer versteht, selbst wenn alle anderen sich abwenden, und der immer für sie da ist, komme was wolle. Hier sprecht ihr dann von „echten Freunden". Nur wenige Freundschaften halten normalerweise allen Prüfungen stand. Aber es gibt diese Verbindungen, die „nicht kündbar" sind. Das hat seinen Sinn. Die Seelen haben sich vor der Inkarnation vorgenommen, alte Muster gemeinsam aufzuarbeiten, oder früher begonnene Vorhaben in diesem Leben endgültig gemeinsam abzuschließen. Hier geht es nicht darum, alte Streitigkeiten zu begraben, sondern es handelt sich um ein Karma, das in gemeinsamen Taten, Projekten oder in gegenseitiger Hilfestellung zum Ausdruck kommt. Dabei kann es durchaus vorkommen, daß die Partner wieder gegen vermeintliche Feinde zu kämpfen haben. Sie selbst lassen allerdings keine Mißverständnisse aufkommen. Die einmal im Irdischen aufgenommene Verbindung, wann auch immer, bleibt solange bestehen, bis das Karma erlöst ist. Sehr oft versteckt sich dahinter eine Lebensaufgabe, und die gegenseitige Hilfe wird mit einer schönen Zeit bis zum Tode belohnt.

Hier seht ihr also, wie wichtig gute Beziehungen und Freundschaften sein können. Es lohnt sich nicht immer, als Einzelkämpfer auf den Plan zu treten. Oftmals steht euch jemand zur Seite, der euch helfen kann, euer Leben einfacher und produktiver zu meistern. Man kann es auch so formulieren: Die Menschen, die sich in absoluter und bedingungsloser Freundschaft oder auch Verwandtschaft finden, tragen miteinander ein positives Karma. Allerdings dient in der Regel der Zweck, zu dem sie sich zusammenfinden, dazu, Karma abzutragen, indem ihnen frühere Widersacher oder Aspekte begegnen, die ihnen das Leben bereits einmal schwer gemacht haben. Es kann sich auch um sinnvolle Formen der Zusammenarbeit zur geistigen Weiterentwicklung einzelner oder der Menschheit handeln. Sehr oft stoßen im Laufe der Entwicklung dann noch andere Personen hinzu, die ebenfalls im Rahmen früherer Begebenheiten mit ihnen verbunden sind. So können sich auch mehrere Menschen treffen, es müssen nicht nur zwei Menschen sein, die ein solches geistiges Karma bewältigen wollen.

Da die Menschheit nun langsam in eine Phase übergeht, in der sie dringend dazu aufgefordert ist, an sich zu arbeiten, und zwar ohne großen Zeitverlust, bilden sich immer mehr Gruppierungen von Menschen, die sich geistig verbunden fühlen. Es handelt sich um Gruppen von Lichtarbeitern, die sich bewußt zu diesem Zweck inkarniert haben. Teilweise mischen sich auch inkarnierte Engel unter diese Gruppierungen, um die Entwicklung durch ihre positive Energie zu fördern.

Alle Vorkommnisse und Handlungen haben einen tieferen Sinn. Wenn ihr jemanden trefft, und sei es im hohen Alter, der euch vom ersten Moment an vertraut und bekannt erscheint, dann steckt dahinter immer eine bestimmte Mission. Es ist nie zu spät, eine sinnvolle Zusammenarbeit oder ein sinnvolles Miteinander aufzubauen. So bitten wir auch alle unsere Schüler, sich in Gruppen zusammenzuschließen, damit sie ihre Verbundenheit erkennen und einen Dienst an der Menschheit erfüllen, der sich auf der geistigen Ebene manifestieren kann.

Die geistige Verbundenheit oder, sagen wir, das geistige Karma hat eine größere Auswirkung, als ihr es euch vorstellen könnt. Auch wenn ihr keine direkte Aufgabenstellung hinter einer guten Freundschaft steht, so rate ich euch trotzdem, diese Verbindung mit aller Kraft und Liebe zu pflegen, da sie euch unbewußt hilft, neue Wege zu gehen. Wie wertvoll ist es, in einer ausweglosen Situation plötzlich von einem lieben Menschen einen Ratschlag zu bekommen, der alles sofort leichter werden läßt. Genau da liegt oft der Ursprung der Verbindung. Alles war schon einmal da und wurde gemeinsam durchlebt oder auch verhindert. Und heute steht der gerechte Ausgleich an.

Das wertvollste Gut und Geschenk ist die Liebe. Und eine tiefe Freundschaft schenkt Liebe, die alles ausgleicht und das Leben lebenswerter macht. Also wäre mein Wunsch, daß alle Menschen bestrebt sind, gute Freunde zu finden und zu behalten. Ihr müßt nur den Sinn dahinter erkennen, um schneller an euer Lebensziel zu gelangen.

40. DIE IRDISCHEN MÖGLICHKEITEN DER KARMA-BEARBEITUNG

Viele Menschen sehen Karma generell als großen Schuldenberg, den sie mühevoll abzuarbeiten haben. Sicherlich ist Karma, das bereinigt werden muß, um auf dem Weg der Bewußtseinsveränderung voranzuschreiten, nicht immer leicht abzutragen, aber trotzdem birgt es auch seine guten Seiten. Ihr solltet deshalb ohne Angst und Scheu an diese Dinge herangehen. Bedenkt immer, daß ihr dieses Vorhaben mit sehr viel Elan und Freude vor der Inkarnation geplant habt. Damals wußtet ihr, was euch bevorsteht, und auch alle Auswirkungen waren euch im voraus bekannt. Leider wird dieses Wissen beim Eintritt in den irdischen Körper verschüttet.

Die erste Voraussetzung für eine positive Sicht der Dinge könnte sein, daß ihr euch einmal bewußt macht, wie schwer es für euch zu ertragen wäre, wüßtet ihr während eures ganzen Lebens, was bis ins hohe Alter auf euch zukommen wird. Viele Menschen würden dies nicht ertragen und schon sehr früh dem Wahnsinn verfallen. Dieses Netzwerk der menschlichen Verflechtungen ist für euren Verstand nicht überschaubar, und selbst der größte Wissenschaftler wäre nicht in der Lage, diese Bahnen zu verfolgen und, vor allen Dingen, zu begründen. Der göttliche Plan untersteht nicht dem menschlichen Verstand und wird es auch nie tun. Ihr untersteht dem göttlichen Plan genau wie wir mit unserer Arbeit. Diese Intelligenz ist nicht nachvollziehbar, und ihr solltet nicht anstreben, mit ihr auch nur im entferntesten gleichziehen zu wollen.

Wichtig ist für euch, daß ihr erkennt und in vollem Vertrauen akzeptiert: Ihr habt euch in die irdische Hülle begeben, um Altes wiedergutzumachen, Neues zu lernen, und in diesem Sinne eurem eigenen Fortschritt zu dienen. Ihr lebt und arbeitet an euch und eurer Situation nur für euch alleine im Sinne eurer Bewußtseinserweiterung. Wenn ihr das begriffen habt, wird vieles leichter für euch. Ihr lernt, wie wichtig die zwischenmenschlichen Beziehungen sind, wo ihr besser schweigt als zu reden, wo ihr Krankheiten und Behinderungen wie alte Kleider ablegen könnt, wo ihr sie vielleicht akzeptieren und mit ihnen leben müßt, oder wo ihr sogar den Kampf verlieren müßt. Alles hat seinen Sinn und seine Zeit.
Es gibt sehr viele Menschen, die sich im Laufe ihrer Inkarnation entscheiden, ihren Weg abzubrechen, indem sie ihr Leben beenden, auf welche Weise auch immer. Das ist nicht schlimm, es ist ihr freier Wille. Niemand wird dafür bestraft. Allerdings gehen sie ihren Weg noch einmal, vielleicht sogar noch mehrere Male. Ihr befindet euch in einem Rad, das sich immer weiter dreht. Indem ihr euch mitdreht und aktiv seid, habt ihr jederzeit die Möglichkeit, nach getaner Arbeit auszusteigen und ein neues Rad zu besteigen, das euch weiter nach vorne bringt. Viele Menschen wähnen sich in dem Irrtum, ihr Karma wäre doch nur noch so klein und sie hätten nicht mehr viel zu erledigen. Es ist gut so, wie sie denken. Dann gewähren sie sich selbst eine gewisse Bedenkenlosigkeit. Ihr alle habt noch einiges zu erledigen. Euer Vorrat gleicht dem eines Hamsters. Manche kauen auf zwei Backen, wie ihr manchmal sagt. Das sind die, die schon gewisse Fortschritte gemacht haben. Andere schleppen immer noch neue Vorräte in ihre innersten Höhlen. Die meisten jedoch sitzen auf ihrem Haufen und bewachen ihn mit Argusaugen. Das sind die Menschen,

denen es vermeintlich gut geht. Ihr Leben plätschert so dahin, sie schlängeln sich überall hindurch und wollen um keinen Preis auffallen. Wird es kritisch, ziehen sie sich zurück und igeln sich ein. Im schlimmsten Fall zeigen sie mit den Fingern auf andere und belächeln ihr törichtes Drängen in eine bessere Welt. Macht euch keine Sorgen. Für jeden schlägt die Stunde. Viele haben nur noch nicht begriffen, daß sie sich die Uhr selbst stellen. Sie können sie ständig korrigieren, wenn sie Gefahr läuft, stehenzubleiben oder zu langsam zu laufen. Sie können aber auch das Pendel anhalten und damit den Fortschritt. Nur nach vorne stellen können sie sie nicht, denn dann entfliehen sie der Realität.
Ihr solltet eure Lebensuhr immer im Auge behalten, sie ständig polieren, sie auf Fehler, Schwächen und vor allem auf ihre Energie hin überprüfen. Vergleicht sie mit der Sonnenuhr, die immer Energie braucht, um korrekt zu arbeiten. So müßt ihr euch und euren Körper immer mit genügend Energie versorgen, damit die Lebensuhr richtig läuft.

Was die Karmabearbeitung an sich betrifft, gibt es im Grunde genommen keine Vorschriften. Die Dinge geschehen einfach, Menschen werden krank, Situationen verändern sich, selbst der Tod ist nicht zu verhindern. Wichtig ist zunächst die Erkenntnis, die vielen Begebenheiten des Lebens zugrunde liegt. So sind nicht alle Dinge und Erfahrungen direkt auf ein Karma zurückzuführen. Es gibt auch Krankheiten, die ihr euch in diesem Leben zugezogen habt. Denkt nur an eure immense Umweltverschmutzung oder an eure Eßgewohnheiten, die erst in diesem Jahrhundert solche ungesunden Ausmaße angenommen haben. Es liegt an euch selbst, all dies genau zu beobachten, um herauszufinden, ob gewisse Belastungen, welcher Art auch immer, eine karmische Ursache haben. Ein guter Meßpegel ist dort zu finden, wo sich keine Besserung der Umstände, der Mißverständnisse, der Krankheiten, der Belastungen, der Süchte usw. einstellt. Man sollte immer im Vorfeld versuchen, mit den Problemen zurandezukommen. Nicht immer sollt ihr die Ursache in früheren Leben suchen. Ich hatte ja auch schon erwähnt, daß es Schulden und Krankheiten gibt, die ihr euch im jetzigen Leben zugezogen habt. Das ist aber in der Regel sehr schnell erkennbar und auch zu erlösen. Bleibt jedoch alles redliche Bemühen ohne Erfolg, solltet ihr euch mit dem Gedanken vertraut machen, daß sich hier alte Muster und Aspekte widerspiegeln, die ihre Erlösung suchen. Dann beginnt die eigentliche Arbeit. Ich weiß, das hört sich sehr brutal an. Meistens seid ihr dann ja auch schon am Nullpunkt angelangt, und dann sollt ihr auch noch mit diesen Themen und Belastungen arbeiten. Aber genau da setzen die Prüfungen ein.

Laßt mich nun verschiedene Modelle aufzeigen, mit denen ich euch helfen möchte, vorhandene Muster zu bearbeiten.
Einige Methoden wurden schon kurz erwähnt und angesprochen, sollen jedoch hier noch einmal wiederholt bzw. zusammengefaßt werden. Alle dienen vom Grundsatz her der Bearbeitung und Verfeinerung eurer feinstofflichen Körper und der physischen Hülle, um grundsätzlich eine ganzheitliche Heilung und Klärung eures ganzen Wesens im globalen Sinne zu erreichen. Ich will hier nur eine Aufzählung anfügen, die dann eingehend erläutert wird.

Wir kennen:
- Die klassische Medizin,
- Geistheilung,
- Reinkarnationstherapie,
- verschiedene Methoden der Körperbewegung und der Massage,
- Aura Soma,
- Edelsteine,
- Reiki,
- Meditation, Yoga, Rebirthing,
- Therapien mit Farben, Gesang, Malen und Tanz,
- Channeling,
- Bachblüten und Homöopathie.

Wir wollen uns zunächst einmal auf die o.g. Punkte beschränken, wobei es sicherlich noch viele andere sinnvolle Methoden gibt und in Zukunft geben wird. Sie sollen euch lediglich zeigen, wie wichtig alles zu nehmen ist, das dem Menschen dabei helfen kann, sich selbst zu erkennen, damit er seine Wurzeln suchen, bearbeiten und somit zu seinem Wohl zurückfinden kann.

41. DIE IRDISCHEN FORMEN DER KARMAERLÖSUNG

Zunächst muß betont werden, daß jeder einzelne Mensch gewillt sein muß, sein Karma zu erlösen. Das erfordert eine lange Zeit der Erkenntnis, der Bewußtseinserweiterung und nicht zuletzt einen starken Willen.

Zwar durchläuft jeder einzelne Mensch seinen Plan über Zeitalter hinweg, jedoch besteht in verschiedenen Inkarnationen die Möglichkeit, das Rad des Karmas zu unterbrechen. Das bedeutet: Ihr habt in diesen Leben die Chance, sehr viele eurer früheren Leben zu erkennen, zu durchschauen und die daraus resultierenden Aspekte des derzeitigen Lebens zu korrigieren. Nicht immer wird euch diese Gnade so offen zuteil. Ihr habt auch Inkarnationen zu durchleben, in denen das Leben sozusagen dahinplätschert. Viele, die heute in einem erhöhten Bewußtsein leben und die Möglichkeit dieser Erlösung haben, schauen mit Bedauern auf die Menschen, die sich mit diesem Thema nicht auseinandersetzen können oder wollen. Das sollte niemanden zu einem negativen Denken veranlassen, denn jeder Mensch hat seinen freien Willen. Oftmals brauchen diese Menschen etwas Ruhe, da sie in einem früheren Leben sehr viel an sich gearbeitet haben. Trotzdem dürft ihr immer wieder liebevoll versuchen, sie an diese Dinge heranzuführen. Es gibt immer wieder Fälle, in denen dann bei entsprechendem Bemühen diese Gnade erteilt wird. Also solltet ihr alle nichts unversucht lassen, eure Mitmenschen mit ihrem Karma zu konfrontieren, jedoch immer unter Berücksichtigung des freien Willens.

Wie bereits in einigen vorangegangenen Kapiteln erwähnt, gibt es verschiedene Möglichkeiten für die

Karmabearbeitung. Wir wollen hier nochmals detailliert auf einige Punkte eingehen.

Die klassische Medizin ist eine Behandlungsmethode kranker Menschen, die eine uralte Tradition und auch eine ursprüngliche liebevolle Hinwendung an die Mitmenschen ihr eigen nennt. Es wurde dem Menschen immer mehr Wissen zuteil, er erhielt sozusagen die Macht, aufgrund wissenschaftlicher Forschung und edler Bemühungen, das Leben seiner Mitmenschen in vielerlei Hinsicht erträglicher zu machen und es sogar zu verlängern. Dieses Wissen mußte er sich jedoch wieder neu erarbeiten, denn ihr müßt wissen, daß die Menschen vor Tausenden von Jahren eine viel höhere Lebenserwartung hatten als ihr heute. Als Atlantis noch existierte, wechselte der Mensch von einer Ebene auf die andere, ohne den irdischen Tod zu erfahren. Er legte sich, wenn er eine bestimmte Mission erfüllt hatte, einfach eine andere Hülle zu. Man hatte auch ganz andere Heilmethoden.
Nachdem jedoch die Zivilisation und das Wesen des Menschen eine andere Form angenommen hatten, die nicht unbedingt zu seinem Vorteil ausgelegt waren, verlor der Mensch seine Feinstofflichkeit und nahm eine dichtere oder, sagen wir, schwerere Form in der Materie an, so daß auch der physische Körper Veränderungen erfuhr. Man könnte fast sagen, der Mensch entwickelte sich in dieser Hinsicht zurück. Das ist euch natürlich heute nicht mehr bewußt, ihr seid ja nun zeitalterlang in dieser Form auf der Erde gewandelt. Könntet ihr auf einen Schlag alle eure Leben in der Vergangenheit begutachten, würdet ihr erkennen, daß ihr einmal eine ganz andere Form der irdischen Hülle hattet. Aber dennoch wurde die Menschheit ermächtigt, sich unter Berücksichtigung ihres freien Willens vorwärtszuentwickeln. So seht ihr, welch lan-

gen Zeitraum dieses Unterfangen benötigt. Ihr seid noch lange nicht dort angekommen, wo ihr einmal wart, allerdings habt ihr in den letzten einhundert Jahren gewaltige Sprünge nach vorne gemacht.

Das ist im allgemeinen als positiv zu bezeichnen. Allerdings tauchen in den letzten Jahren einige Aspekte auf, die uns nicht ganz so gut gefallen. Aber auch hier ist euer freier Wille unabdingbar. Noch immer müssen Ärzte erkennen, daß sie nicht immer helfen und heilen können. Nicht immer finden sie die Ursache einer Erkrankung, was sie teilweise sehr verwirrt. Gleichzeitig sehen wir, wie die Hilfe am Menschen mehr und mehr zum Produkt oder, sagen wir, zum wirtschaftlichen Gut wird, das nicht mehr einfach zu bekommen ist. Heilung ist eine göttliche Gnade, auf welchem Wege auch immer sie zuteil wird. Es kann nicht gut sein, wenn ihr euch streitet, wer noch privilegiert ist, diese Hilfe zu erhalten. Wir sehen mit Entsetzen, welche Bereicherung auf Kosten der Gesundheit der Menschen stattfindet. Alles, was dem Heil des Menschen dient, muß für alle zugänglich sein und darf nicht von einem materiellen Kampf abhängig sein. Wir raten euch dringend, in diesem Punkt vorsichtiger zu werden, da alle diese Themen schon einmal zum Verlust der Kraft geführt haben. Auch hat niemand ein Recht darauf, an Menschen oder ihrem Erbgut zu manipulieren. Laßt es mich so erklären: Wenn sich zwei Menschen Kinder wünschen und es führt nicht zum Erfolg, dann gibt es dafür Gründe, die lange zurückliegen. Diese Menschen haben sich dazu bereit erklärt, dieses Thema zu bearbeiten. Vielleicht haben sie sich vor der Inkarnation dazu entschlossen, später ein Kind zu adoptieren, das zunächst in eine andere Familie inkarnieren muß. Warum nehmt ihr hier Einfluß und versucht, die Natur zu überlisten? Es wird euch keinen anhaltenden Erfolg

bringen. Leider tauchen die Folgen erst dann auf, wenn es zu spät und die Konsequenzen eingetreten sind.
Man hat schon einmal versucht, Menschen nach Wunsch zu produzieren. Es gelang auch damals, die Folgen jedoch blieben nicht aus.

Es ist gut und schön, wenn sich die Medizin weiter entwickelt und der Menschheit einen guten Dienst leistet. Das muß jedoch richtig bewertet werden. Nicht immer können Menschen von Ärzten, die ihre Arbeit sicherlich intensiv und gut gelernt haben, geheilt werden. Das liegt oft daran, daß man nur auf wissenschaftliche Art an die Dinge herangeht. Der Arzt sieht den Körper, selten die Seele. Wir raten jedem Menschen, die Medizin zu nutzen, dafür hat man sie euch ja geschenkt. Allerdings sollten die Ärzte langsam damit beginnen, eine konkrete Suche nach der Ursache zu betreiben. Diese kann nicht immer vom wissenschaftlichen Standpunkt aus gesehen werden. Hier ist es oft nötig, die Seele einzubeziehen. Da sie leider nicht nur am heutigen Leben krankt, sondern die meisten Verletzungen und Krankheitsursachen aus zurückliegenden Zeiten mitbringt, ist ein Umdenken in der Medizin erforderlich. Wenn dies nun einem Mediziner schwerfällt, besteht immer noch die Möglichkeit, andere Hilfsmittel in Anspruch zu nehmen, die man jedoch nicht als Konkurrenz betrachten darf. Wir würden uns eine angenehme Form der Zusammenarbeit zwischen Ärzten und Menschen der alternativen Heilkunst vorstellen. Sicherlich kann man auch hier niemals aus irdischer Sicht ein Heilversprechen abgeben, da jeder Mensch seine Krankheit loslassen muß. In eurer Zivilisation geht es einfach noch zu sehr um Hierarchien, in denen jeder denkt, er hätte eine stärkere Existenzberechtigung als der andere. Dies rührt daher,

daß ihr immer noch meint, eure Kenntnisse und euer Wissen hättet ihr einzig und allein in diesem Leben erhalten. Niemand ist mehr als der andere. Ein Geistheiler kann genauso gut in einem früheren Leben ein sehr guter Mediziner im klassischen Sinne gewesen sein. Hier unterliegt ihr sehr oft einer Täuschung.
Laßt es mich so erklären: Die klassische Medizin hat mit Sicherheit ihre Berechtigung und sollte und muß bei jeder Erkrankung vom Menschen in Anspruch genommen werden. Dies muß für ihn jedoch auch möglich bleiben. Langsam jedoch sollte die Medizin von ihrem Sockel herabsteigen und auch andere Heilmethoden anerkennen und die Zusammenarbeit pflegen. Das ist deshalb notwendig, um immer dort, wo es möglich ist, die korrekte Ursache der Krankheit zu finden und zu beseitigen. Sicherlich gibt es Menschen, die aus karmischen Gründen an einer Krankheit sterben müssen. Hier ist lediglich eine Linderung möglich. Wir sehen leider immer mehr die Gefahr, daß Menschen zwar behandelt und operiert werden, teilweise auch mit gutem Erfolg, allerdings oft mit dem Ziel, sie weiterhin als Patienten zu behalten. Das kann nicht angehen, da dadurch neues Karma geschaffen wird. Solange die Ursache einer Erkrankung nicht gefunden ist, müssen immer wieder neue Herde auftauchen, um auf einen alten Aspekt hinzuweisen. Wenn also die Krankheit in dieser Form verlagert wird, oft sogar in Unwissenheit, kann keine Heilung erfolgen. Letztendlich wird dem Menschen mehr Schaden zugefügt, den man hätte vermeiden können.

Eure Wissenschaft wird es niemals von alleine schaffen, die Ursachenforschung zu bewältigen. Ihr könnt es immer wieder auf Umwelt- und Lebensbedingungen schieben, aber es wird euch in diesem Moment nur beruhigen. Hierzu werden Menschen benötigt, die

tiefer in andere hineinblicken können, da sie diese Gabe besitzen. Damit einhergeht sehr oft eine Heilkraft oder ein Wissen, das dann letztendlich die Heilung begünstigt, oder zumindest eine zusätzliche Energie bringt, die den Kranken dazu befähigt, sich anders mit sich zu beschäftigen, was dann die Selbstheilungskräfte fördert und in Gang setzen kann.
Man kann es so sagen: Man bringt den Menschen langsam wieder in die Lage, sich selbst zu heilen, zwar mit fachmännischer Unterstützung, aber mit Erfolg.

Kein Mediziner muß sich Sorgen machen, in diesem Sinne arbeitslos zu werden. Im Gegenteil, das Aufgabengebiet wird interessanter und gewinnbringender. Wir sprechen hier auch vom geistigen Gewinn, der letztendlich zählt. Ihr nehmt nichts mit als euren geistigen Gewinn, um ihn weiterhin zu nutzen. Das sollte allen Menschen Ansporn genug sein, ihr Denken zu wandeln.

Seid bereit, mit einem anderen gesundheitlichen Bewußtsein in das neue Zeitalter zu schreiten, dann ist der Erfolg gesichert.

42. KARMAERLÖSUNG AUF GEISTIGER EBENE

Die Geistheilung setzt im Grunde genommen die gleichen Aspekte voraus wie die klassische Medizin. Der Mensch muß sich dessen bewußt sein, daß er eine Krankheit (oder auch ein anderes Leiden, sei es eine Sucht oder ähnliches) mit sich herumträgt, die eine tiefer sitzende Ursache hat und die er vor allen Dingen loslassen möchte.
Nichts ist schlimmer, als wenn ein Mensch an seiner Krankheit festhält, sie pflegt und sie schließlich zur Ursache seines Unterganges macht. Nennen wir es in der Folge nicht mehr Krankheit, sondern Makel, denn die Geistheilung bezieht sich nicht nur auf körperliche Krankheiten und Schmerzen, sondern auch auf andere Zustände wie Süchte, Besessenheit und vieles andere mehr.
Der Unterschied zur klassischen Medizin liegt darin, daß man hier nicht nur den physischen Körper, sondern auch die feinstofflichen Körper mit beachten und behandeln muß. Deshalb wären beide Methoden gemeinsam eine sehr gute Ergänzung. Wie ich bereits in anderen Kapiteln erklärt habe, speichern die feinstofflichen Körper sämtliche Verletzungen, Emotionen, Narben und Krankheiten aus den früheren Leben, die bei entsprechender Situation wieder mobilisiert werden. Um nun eine sinnvolle Methode zu finden, mit den alten Aspekten umzugehen, die sich im Heute entsprechend artikulieren, gibt es viele Möglichkeiten. Es ist jedoch außerordentlich wichtig, daß die Menschen erkennen, ob sie es wirklich mit Menschen zu tun haben, die eine entsprechende Hilfe garantieren können, natürlich immer ohne ein Heilungsversprechen. Das ist klar, denn niemand darf einen anderen Menschen verpflichten, ihm Heilung zu versprechen. Auch hier erkennt man schon die guten

Helfer, denn niemals werden sie eine Heilung zusagen, da sie großen Respekt vor der göttlichen Energie besitzen. Außerdem solltet ihr von eurem Gefühl ausgehen, das ihr einem solchen Helfer entgegenbringt. Laßt eure innere Stimme sprechen. Wenn ihr kein Vertrauen zu ihm gewinnen könnt, wendet euch wieder ab, auch wenn es schwerfällt. Ihr würdet es sonst bereuen.

Hier müssen wir nochmals auf den materiellen Aspekt zu sprechen kommen. Viele Menschen behaupten, ein Heiler müsse seinen Dienst ohne Lohn zur Verfügung stellen. Das ist nicht gerechtfertigt. Alle Menschen leben in der Materie und müssen dort bestehen. Viele unserer Schüler, die diese Arbeit tun, werden von uns absichtlich aus der normalen Arbeitswelt herausgenommen, da sie ihre ganze Energie darauf verwenden müssen, dem Heil der Menschen zu dienen. Aber auch sie müssen leben. Hier betonen wir das göttliche Prinzip von Geben und Nehmen. Es sollte immer ein gerechter Ausgleich geschaffen werden. Allerdings muß diese Gabe für alle Menschen erschwinglich sein, so daß auch Ausnahmen gemacht werden sollten. Niemand darf von dieser Art der Behandlung ausgegrenzt werden, weil er nicht die notwendigen Mittel hat. Es gibt immer eine Art des Ausgleiches. Also auch hier erkennt ihr die wirklichen Helfer. Außerdem darf euch niemand zögerlich behandeln. Das bedeutet, ein wirklicher Helfer auf der geistigen Ebene kann sich sofort mit der geistigen Ebene verbinden und mit seiner Arbeit beginnen. Laßt euch nicht von langen Vorgesprächen beeindrucken. Gebt auch nicht zuviel von euch preis. Wenn wir wirken, geschieht es immer in der richtigen Weise, da wir alle Informationen besitzen. Die Arbeit muß sachlich, kompetent und so vonstatten gehen, daß ihr bereits in Kürze eine Wirkung verspürt. Sicherlich kommt es vor, daß auch ein guter Heiler euch nicht helfen darf. Es kann dann eine karmische Verbindung sein, deren Aufgabe eine andere ist. Aber in diesem Falle wird der Heiler von uns darauf hingewiesen und muß eine Behandlung ablehnen oder euch an jemand anderen verweisen. Hier erkennt ihr die Eigenverantwortung des Menschen. Er muß in der Lage sein, euch klar und deutlich zu erklären, daß er in diesem Moment nicht eingreifen und helfend wirken darf. Vielleicht muß er auch erkennen, daß ihr seine Hilfe im Moment noch gar nicht annehmen könnt. Dann muß er verzichten.

Wenn sich ein Geistheiler mit eurer Person beschäftigt, solltet ihr zunächst versuchen, Vertrauen zu ihm zu entwickeln, wenn eure innere Stimme ihn akzeptiert hat. Falls es nicht sofort dazu kommt, verabschiedet euch lieber und zieht euch zurück. Geht in die Meditation und bittet um den Hinweis, wie ihr euch verhalten sollt. Kehrt erst wieder zurück, wenn ihr euch absolut sicher seid, ihm euer Vertrauen schenken zu können. Ihr werdet immer richtig geführt, aber entscheiden müßt ihr selbst. Ist der Schritt getan, ist es wichtig, daß ihr euch für seine Energie öffnet. Er wird euch mit viel Geduld über seine Arbeit aufklären, während er sie tut. Viele arbeiten schweigend, aber dennoch spürt ihr genau, was passiert. Scheut euch nicht, sie anschließend zu fragen, was getan wurde. Sie geben euch liebevoll Auskunft und beziehen euch in die Arbeit mit ein. Das muß sein. Wer euch im Ungewissen läßt und nicht bereit ist, euch seine Arbeit zu beschreiben, den solltet ihr meiden. Hast und Eile sind fehl am Platze. Ein guter Heiler darf niemals ungehalten sein. Er muß immer ein offenes Ohr für euch besitzen und in schwierigen Zeiten bereit sein, sich intensiver als sonst einzusetzen.
Während diese Menschen arbeiten, solltet ihr ganz

entspannen und sogar versuchen, eure Makel zu vergessen. Wichtig als Vorbereitung ist eine gute Chakrenarbeit. Auch über die Gesetze des Karmas solltet ihr einiges wissen, damit ihr letztendlich auch die Ursachen begreifen könnt.

Es gibt nun viele Möglichkeiten, sich mit den feinstofflichen Körpern auseinanderzusetzen. Sagen wir auch hier nicht immer „Heilung", sondern nennen wir es „Klärung". Geklärt werden Widersprüchlichkeiten, die sich einst einschlichen und heute mehr wirken denn je. Der Mensch spricht immer gerne von Heilung, aber er soll sich erst einmal begreifen und klären lernen. Dann heilt er sich sehr oft selbst, immer vorausgesetzt, es ist gestattet.
Kurz vor dem Beginn des Neuen Zeitalters hat die Menschheit mehr Möglichkeiten denn je, sich mit ihren alten Lasten auseinanderzusetzen und sie zu beseitigen. Geht bitte nur an die Dinge heran, die euch im jeweiligen Moment plagen. Es hat keinen Sinn, aus reiner Neugier zu versuchen, endlos in die Vergangenheit zu spazieren. Die Zeit drängt, und ihr solltet jeweils das aufzuarbeiten versuchen, was euch Schwierigkeiten macht. Nur so kommt ihr schnellstmöglich ans Ziel.

Es gibt sanfte Methoden, wie ihr es nennen würdet, um ans Ziel zu gelangen, und es gibt Methoden, die den ganzen Menschen fordern. Letztendlich wird es in der Regel immer so sein, daß sich beide Arten früher oder später miteinander verbinden müssen.
Zu den sanften Methoden zählen zum Beispiel die Helfer, die die göttliche Energie direkt als Kanal verbreiten und so in eurer Aura Korrekturen, wie ihr es nennt, vornehmen dürfen, was als Gnade anzusehen ist. Das trägt dann dazu bei, daß ihr vielleicht wieder alte Schmerzen spürt oder eine alte Erinnerung hochsteigt

und ihr so langsam lernt, eure Makel zu begreifen und zu verarbeiten.
Dann gibt es die sogenannten Avatare. Sie tragen eine große Verantwortung, da sie euch aufgrund einer göttlichen Gnade helfen dürfen, euer Karma schneller abzutragen. Durch den Segen, den sie erteilen, lösen sich eure Karmaknoten schneller auf, und ihr geht mit großen Schritten auf die Erlösung zu.
Das bedeutet aber auch harte Arbeit, da euch der Weg und die Beschwernis nicht abgenommen werden. Im Gegenteil, die Aspekte treten mit voller Kraft und Geschwindigkeit in euer Leben und suchen ihre Handhabe. Deshalb solltet ihr euch immer der Wirkung eurer Schritte bewußt sein. Niemand trägt Karma für euch ab.

Gehen wir nun zu den bewußten Arbeiten über. Hier wollen wir mit der Reinkarnationstherapie beginnnen. Viele Menschen haben Angst vor diesem Schritt. Sie vermuten Hypnose, eine gewisse Ohnmacht oder ein Ausgeliefertsein dahinter. Wenn die Arbeit richtig und sinnvoll geleistet wird, besteht kein Grund zur Besorgnis, denn dann findet alles in vollem Bewußtsein statt. Niemand kann und darf euch dabei beeinflussen. Wir raten in diesem Zusammenhang von einer Hypnose ab, da wir wollen, daß die Menschen ihre Situationen sehen, verstehen und mit Bewußtsein erlösen. Ein guter Helfer in diesem Sinne weiß, wie weit er gehen darf, und vor allem darf er keine Angst vor seiner eigenen Arbeit haben. Wir führen ihn und gewähren ihm genügend Einblick in seinen Patienten, damit er sicher und sorglos verfahren kann. Auch hier erkennt ihr gute Helfer in unserem Sinne.
Sie gehen behutsam vor, indem sie euch liebevoll und besorgt in eure vergangenen Leben begleiten, die euch im Moment belasten. Dort verweilen sie mit

euch, beleuchten jeden Aspekt, der auftaucht, gelegentlich müssen sie euch leiden lassen, damit ihr die Tragweite der Situation erkennt, und schließlich führen sie euch gekonnt an die Erlösung heran. Wichtig ist immer, daß ihr alle Aspekte erlöst, denn sonst kommt immer wieder die Erinnerung. Auf eines möchte ich in diesem Zusammenhang noch hinweisen. Viele Menschen denken, sie könnten diese Arbeit in Rahmen eines Marathons erledigen. Bedenkt immer eines: Ein Karma kann nur dann aufgelöst werden, wenn euch alle Aspekte und Menschen begegnet sind, die damit in Verbindung stehen. Deshalb ist es wichtig, die momentanen Schwierigkeiten aufzuarbeiten, da ihr dann immer die jetzt wichtigen Beziehungen habt. Manchmal spürt ihr, daß ihr trotz einer gelungenen Rückführung noch leidet oder ein laues Gefühl des Nochbeteiligtseins vorhanden ist. Das ist nicht schlimm. In diesen Fällen fehlt manchmal noch ein Mensch oder eine Begebenheit, um alles zu beschließen. Das spürt ihr dann aber ganz genau. In der Materie hat alles seine Zeit und ist nicht im gleichen Moment zu erleben.
Hieraus ergibt sich also die Notwendigkeit, jedem Menschen, auch den Widersachern, mit Interesse zu begegnen. Es hat keinen Sinn, sich zu verstecken. Ihr müßt offen sein und euch dem täglichen Leben stellen, um richtig zu erleben.

Andere wichtige Helfer sind die Hellsichtigen und Channels. Sie haben die Gabe erhalten, euch Dinge sehen zu lassen, die euch sonst verborgen bleiben würden. Sie erkennen, wo eure Leiden sitzen, sie erhalten Einblick in eure früheren Leben, indem sie in eurer Akasha-Chronik lesen dürfen und erklären euch liebevoll die Zusammenhänge, damit ihr dann gezielt an die Bearbeitung eures Karmas gehen könnt. Sie stellen die direkte Verbindung zu uns und unserer Energie her, damit wir euch durch sie belehren und die Richtung weisen können. All dies geschieht jedoch unter Berücksichtigung eures freien Willens. Ihr sollt alles überprüfen und dann das für euch Wichtige und Richtige in euer Leben integrieren. Wir freuen uns über jeden Kontakt, den wir mit euch herstellen können. Im Grunde genommen kann jeder einzelne Mensch diesen Kontakt herstellen. Der Weg führt immer über die Meditation und über den Weg des Vertrauens. Nur so können wir euch erreichen. Unsere Channels sollen euch zeigen, wie einfach es ist, die führende Stimme zu vernehmen. Mehr und mehr geleiten sie euch dann auf den richtigen Weg, und sie werden dann zum gegebenen Zeitpunkt von uns aufgefordert, euch loszulassen, damit ihr alleine weitergehen und es ihnen gleichtun könnt. Wenn ihr eure Prüfungen bestanden habt, ist es für euch viel einfacher, eine ständige Verbindung zu eurem Führer aufrechtzuerhalten und eine kontinuierliche Karmabearbeitung in Gang zu setzen.

Kommen wir nun zu verschiedenen Methoden, die von vielen Menschen erlernbar sind, und die im Sinne der Hilfe am Nächsten oder auch zur aktiven Selbsthilfe nützlich angewandt werden können. Sicherlich ist auch hier im einzelnen großes Verantwortungsbewußtsein zur sinnvollen Ausführung gefragt. Das muß ich aus einem bestimmten Grunde betonen. Es gehört inzwischen zu eurer modernen Zeit, daß viele Menschen meinen oder wünschen, etwas Spirituelles tun zu müssen. Ich will hier nicht behaupten, daß es sich grundsätzlich um eine Gewissensberuhigung handelt, jedoch beschreiten viele Menschen zunächst einen Weg, der nicht unbedingt für sie vorgesehen ist. Dies führt zu großem Energie- und Zeitverlust. Es wäre hier

sinnvoll, im Vorfeld zu überlegen und herauszufinden, welche Art der Energiearbeit für den einzelnen geeignet und gewinnbringend für ihn und die Allgemeinheit wäre. Hier muß noch einmal betont werden, daß es auch auf diesem Gebiet nicht nur verantwortungsbewußte Lehrer gibt. Es ist absolut unangebracht, unwissenden oder hilflosen Menschen zu unterbreiten, man könne sie binnen zwei Wochen zum Geistheiler ausbilden. Hier sehen wir durchaus eine materielle Schiene, deren Beschreiten sehr gefährlich und durchaus karmabildend sein kann. Es gibt göttliche Fähigkeiten, die sich gewisse Schüler erarbeitet und verdient haben. Nicht jeder ist zu ihrer Handhabung berechtigt, da ihm oftmals noch die notwendige Bewußtseinserweiterung in dieser Inkarnation fehlt. Ich fordere in diesem Sinne nochmals alle Interessierten auf, sich einer genauen Gewissensprüfung zu unterziehen. Es mag durchaus edle Gründe geben, weshalb jemand unbedingt Wert darauf legt, beispielsweise Reiki zu erteilen. Ich spreche hier vom Erteilen einer Heilenergie, die aus unseren Ebenen gelenkt und zuerkannt wird. Ihr sprecht zunächst vom Erlernen. Man kann nicht alles erlernen. Sicherlich kann man die alten Symbole und Zeichen erlernen, die Erlaubnis zur Erteilung jedoch steht auf einem anderen Blatt.
Ist ein Mensch noch nicht so gefestigt, daß er seine eigene Energie vor der Erteilung schützen kann, oder sind seine Handchakren noch nicht geöffnet, weil vielleicht noch ein bestimmtes Karma abgebaut werden muß, wäre eine aktive Reiki-Erteilung absolut gefährlich und wird nicht gestattet. Zwar fließt die Energie - dies tut sie bei jedem Menschen - aber im Grunde genommen pulsiert sie im Erteilenden selbst. Der Empfänger wird keinen bleibenden Erfolg verzeichnen. Die Ursache kann auch sein, daß aus karmischen Gründen dieser Person gar kein Reiki gegeben wer-

den darf. Auch hier gilt wie beim Mediziner oder Geistheiler das Prinzip des Helfendürfens. Vielleicht muß der Kranke aus karmischen Gründen eine ganz andere Person aufsuchen, die zur aktiven Hilfe berechtigt ist. Dann könnt ihr stundenlang Reiki verabreichen - Erfolg werdet ihr nicht haben.
Wir möchten nochmals dringend darum bitten, aus all den neu gewonnenen Methoden kein materielles Geschäft zu machen, indem jedem Menschen alles als erlernbar angeboten wird. Sicherlich ist die Energie für alle da, jedoch hat jeder Mensch eine andere Aufgabe, die er selbst herausfinden muß.
Reiki ist sicherlich eine sinnvolle und schöne Behandlungsmethode, vor allem auch bei Tieren. Es handelt sich hier um eine göttliche Energie und Heilkraft, die über eine spezielle Symbolik, die bereits von den Essenern beherrscht wurde, gegeben wird. Eure „Einweihungen" haben zwar ihre Berechtigung, da jeder Schüler sich fortbilden und steigern muß, bis er zum Meister wird. Dennoch fragen wir uns und euch, ob der materielle Ausgleich hier gerechtfertigt ist. Eine Meisterschaft ist im Grunde genommen immer eine Belohnung für gute Schüler- und Gesellenjahre. Sie setzt lediglich eine gute Prüfung voraus. So handhaben auch wir die Einweihungen unserer Schüler. Es geht hier um die inneren Werte, die überprüft werden müssen. Welche Kostenbeteiligung in eurem Rahmen sollten wir von unseren Schülern verlangen? Prüft, ob die teilweise hohen Summen gerechtfertigt sind. Laßt euer Gewissen sprechen.
Nochmals möchten wir Reiki als durchaus hilfreich anerkennen. Allerdings solltet ihr immer wieder betonen, daß es die ärztliche Behandlung nicht ersetzen, sondern lediglich eine zusätzliche Energieversorgung bieten kann.

Als nächstes spreche ich kurz die Behandlung mit Bachblüten oder der Homöopathie an. Es ist nach wie vor äußerst wichtig und notwendig, daß der Mensch die Natur, die ihm geschenkt wurde, nicht außer acht läßt. Beide Aspekte bieten eine sehr gute und gewinnbringende Unterstützung der klassischen Medizin. Im Grunde genommen sollte es kein Naturwissenschaftler versäumen, sich mit den Gaben der Natur zu beschäftigen und sie einzusetzen. Man ist etwas zu sehr auf die Chemie übergegangen. Jede Pflanze und jede Blüte hat eine Aufgabe an der Menschheit und ihrer Evolution zu erfüllen. Gerade die pflanzlichen Tees sind immer mehr in den Hintergrund gerückt. Früher gehörten sie zum täglichen Leben wie heute euer Kaffee oder der Alkohol.

Bachblüten und homöopathische Mittel setzen eine intensive Beschäftigung des Arztes mit seinem Patienten voraus. Hier ist Zeit gefragt. Außerdem müssen gerade diese Behandlungsweisen die Seele mit einbeziehen, da sonst keine ausschlaggebende Wirkung des Mittels zu erwarten ist. Die Anamnese kann sich nicht mit körperlichen Symptomen zufriedengeben.

Ich möchte hier auch einmal auf die Pflanze im allgemeinen eingehen, die ja auch empfindlich, krank oder gesund reagiert. Die Pflanze hat sich vor Urzeiten bereit erklärt, dem Menschen zur Heilung zu dienen. Das war ihre Aufgabe. Sie ist gleichzeitig ein Alarmsignal, wenn sie sich nicht gesund zeigt.

Laßt es mich abschließend so ausdrücken: Wenn eine Krankheit und ihre Ursache rechtzeitig erkannt werden, können Blüten und Pflanzen große Wirkung und auch Heilung bringen. Wie ihr wißt, bewirken sie sehr oft zunächst eine Verschlimmerung der Symptome, was einst von der Natur so eingerichtet wurde. Dadurch konnte der Mensch genau erkennen, daß er hier mit seiner Wahl richtig lag. Durch die Zeichen der

Verschlimmerung nämlich erkennt der Mensch, wenn er sich damit beschäftigt, ganz genau, wo seine empfindlichen Punkte liegen, die die Ursache für die Krankheit oder den Makel sind. So einfach ist das.
Eure chemischen Präparate dämmen die Symptome sofort ein. Das wird oft als positiv angesehen, Hauptsache, der Schmerz vergeht. In fortgeschrittenen Stadien einer Krankheit ist solch eine Behandlung oftmals erforderlich. Dort allerdings, wo man erst den Beginn eines Makels verzeichnen kann, wäre eine Behandlung im Sinne der Naturheilkunde sicherlich vorzuziehen.
Ein gutes Beispiel ist die Depression: Beginnt man direkt im Anfangsstadium mit der Suche nach der Ursache und geht zusätzlich im Sinne der natürlichen Medizin vor, bleibt dem Patienten oft die Behandlung mit Psychopharmaka erspart.

Als nächstes möchte ich mich kurz mit verschiedenen Methoden der Körperbewegung, der Körperbeherrschung und der bewußten Körperarbeit befassen. Natürlich kann ich in diesem Rahmen die einzelnen Themen nicht so ausführlich behandeln, wie es mancher erwarten würde. Darüber gibt es genügend gute Literatur, und es ist nicht meine Aufgabe, hier näher darauf einzugehen. Ich möchte euch nur noch einmal auf verschiedene Möglichkeiten hinweisen, wobei mit meinen Ausführungen die Quantität noch lange nicht erschöpft ist. Alles ist jedoch eine Frage der Qualität, damit ihr zum Ziel gelangt.
Der Mensch kennt seit Jahrtausenden mannigfaltige Formen der Körperbewegung, der Körperbeherrschung, der Massage usw. In früheren Zeiten, je nach der einzelnen Kultur, waren all diese Aspekte viel intensiver im Gebrauch als heute. In den östlichen Kulturen sind sie bis heute gut bewahrt und genutzt wor-

den. Dies zeigt sich vor allem darin, daß der Mensch im Osten eine ganz andere Natur und Lebensauffassung aufzeigt als der Mensch im Westen. Insofern erkennt der Mensch der östlichen Kultur viel leichter sein Lebensziel, oder, sagen wir, besser den Sinn seines Lebens. Er hat es nicht verlernt, sich auf sich, seinen Körper und seinen Geist zu konzentrieren. In der westlichen Welt ist man teilweise sogar so weit gegangen, die Menschen der östlichen Kulturen aufgrund ihrer Einstellung als gesellschaftsunfähig und als nicht überlebensfähig abzustempeln. Das ist sehr gefährlich, denn gerade der Mensch der östlichen Welt ist dem der westlichen in vielen lebensnotwendigen Aspekten haushoch überlegen. Sicherlich herrscht dort eine gewisse Armut, jedoch nicht im Geiste. Diese Menschen wissen noch immer, daß sie einst an einen Punkt gelangen werden, an dem nur noch ihr geistiger Besitz zählt.

Aber dennoch sehen wir mit Freude, daß auch die Menschen im Westen langsam erkennen, daß sie sich wieder mehr mit ihrem Körper, ihrem Geist und ihrer Seele beschäftigen müssen, um im Kampf des Karmas zu bestehen. Es kann nicht nur um materielle Güter und ein sorgenfreies Leben im Luxus gehen. Viele machen ihre ersten Versuche, werden von anderen geführt, die schon etwas weiter sind, und gewinnen sogar Freude an der Stille und den damit verbundenen Möglichkeiten der Bewußtseinsarbeit. Alle diese Wege führen früher oder später zu dem Punkt, an dem jeder einzelne erkennt, wo sein persönlicher Weg liegt, der ihn am schnellsten zu dem Ziel bringt, das er sich für diese Inkarnation vorgenommen hat. Damit einhergeht dann die Karmabearbeitung. Immer wieder muß ich die Wichtigkeit der Stille, der Meditation betonen. Ihr müßt lernen, wieder eure Mitte zu finden, um zur Ruhe zu kommen, die Gedanken des Alltags

weichen zu lassen, damit ihr wieder in der Lage seid, eure innere Stimme zu vernehmen, der ihr bedenkenlos folgen könnt. Ich weiß, viele von euch können diesen Begriff „innere Stimme" nicht mehr hören, da sie für viele zum Phantom geworden ist, dem sie nachjagen.
Solange ihr etwas erzwingen wollt, geschieht gar nichts. In diesem Sinne ist euer Wille nicht mehr wichtig. Er ist nicht zu verwechseln mit dem freien Willen, der euch auch berechtigt, an allem zu zweifeln. Hier spreche ich von dem Willen, unzeitgemäß über sich selbst hinauswachsen zu wollen. Alles hat seine Zeit. Die Ruhe, die Stille sind nicht erzwingbar, man kann sie nicht kaufen und nicht als Pille zu sich nehmen. Sie sind da. Ihr müßt sie nur finden. Auf die Suche müßt ihr alleine gehen, da ihr sie bewußt weggeworfen habt. Ihr müßt euch bewähren durch Geduld, Vertrauen, Durchhaltevermögen, sagen wir: ein wenig Selbstbemeisterung. Das gilt für alles, wofür ihr euch entscheidet, ob es Meditation ist, Yoga, oder eine der vielen Arten der Körperbewegung oder Massage in Ruhe und Ausgeglichenheit.
Zwingt euch nicht dazu, es den Erfahrenen gleichzutun. Es hat keinen Sinn, sich eine oder zwei Stunden lang als Anfänger in eine Gruppe von Leuten zu begeben, die seit Jahren meditieren. Ihr fühlt euch dann unfähig, gelangweilt und verliert die Lust an der Sache. Wählt eine Form, die euch zusagt, ob mit oder ohne Musik, vom zeitlichen Rahmen ganz zu schweigen. Am Anfang genügen zehn Minuten. Wenn ihr euch in Gruppen begebt, achtet auf gute Führung und sucht euch möglichst Gleichgesinnte, also auch Anfänger. So werdet ihr immer weiter geführt und erreicht mit Leichtigkeit eine größere Zeitspanne der Ruhe. Eure Verfassung ist an jedem Tag anders. Heute könnt ihr zehn Minuten sitzen, morgen eine Stunde.

Nehmt es, wie es kommt. Ihr tut es immer nur für euch. Nicht jeder kann am Anfang ruhig sitzen. Manchmal habt ihr Aggressionen in euch angestaut, eure Aura zeigt Hektik, Unruhe. Dann wählt eine Form der Körperbewegung, um euch zu beruhigen. Ihr könnt dies wunderbar bei kleinen Kindern sehen. Nehmt als Beispiel Weihnachten. Die Kinder sind in voller Erwartung, sie bekommen ihre Geschenke, sie sind völlig aufgeregt und möchten am liebsten gar nicht schlafen gehen. Alle Nerven und Zellen im Körper sind in Aktion. Wie schwer ist es dann oft, sie zum Zubettgehen zu bewegen. Lange können sie nicht einschlafen, planen schon den nächsten Tag und sind ganz unruhig. Würdet ihr sie spielen lassen, bis sie vor Müdigkeit umfallen oder mit ihnen tanzen und singen, würde der Bettzipfel sehr schnell winken. Aber nein, ihr zwingt sie in ihr übliches Korsett.
Genauso verhält es sich bei euch, wenn ihr euch nach einem anspruchsvollen Tag zur Meditation oder zum Yoga in absoluter Ruhe zwingt. Keine Minute mag es euch gelingen, den Alltag zu vertreiben. Es ist wie ein Marathon, den ihr sowieso verliert. Warum entschließt ihr euch nicht, euch zu bewegen, zu tanzen, zu singen, oder vielleicht auch zu schreien? Es gibt auch die Form der rhythmischen Meditation. Wählt euch eine Musik aus, die euch sofort in Bewegung versetzt, jeder hat da einen anderen Geschmack. Dann laßt eurem Körper freien Lauf und den Verstand ruhen. Schnell werdet ihr feststellen, wie euch buchstäblich Hören, Sehen und Denken vergehen. Dann fühlt ihr nur noch. Vielleicht müßt ihr schreien oder auch weinen. Lernt, den Gefühlen zu gehorchen und die Ventile zu öffnen. Nur so könnt ihr frei werden, damit euer Geist wieder zu sich findet. Dann kommen plötzlich Impulse in euch hoch, Gedanken schießen blitzartig durch den Kopf, mit denen ihr gar nicht gerechnet

habt, Bilder sind da, die ihr schwer dem Heute zuordnen könnt. Viele haben plötzlich das Gefühl, sich hinsetzen zu müssen, um etwas aufzuschreiben, ohne zu wissen, worum es sich handelt. Problemlösungen tauchen plötzlich vor eurem geistigen Auge auf, für die ihr sonst noch Tage oder Wochen gebraucht hättet.

Eine solche Form der Bewußtseinsarbeit ist auch das Rebirthing. Viele sprechen von Wiedergeburt. Das ist nur die wörtliche Übersetzung. Rebirthing soll euch helfen, euren Geist zu benutzen, alte Muster zu erkennen und vielleicht zum Leben zu erwecken. Ihr bezieht immer alles auf euch und euer Denken. Laßt doch Körper, Geist und Seele miteinander kommunizieren. Das ist viel sinnvoller. Dafür ist euer Verstand unbrauchbar. Rebirthing ist eine Atemtechnik, die nur unter fachmännischer Anleitung ausgeübt werden sollte. Die geführte Atmung versetzt euren Körper durch die optimale Sauerstoffversorgung, die euch durch euer Leben im wahrsten Sinne des Wortes abhanden gekommen ist, in einen Zustand, der euch seit der Geburt nicht mehr bewußt war. Jede Zelle des Körpers wird beansprucht; sie setzt ihre Muster in Gang, da sie gar nicht anders kann, und so erlebt ihr euren Körper wirklich mit Bewußtsein. Sämtliche Blockaden, angestaute Energien und Emotionen werden frei und verlangen nach Freiheit. Das kann auch Schmerzen verursachen. Dabei lernt ihr, wie euer Verstand vom Körper gesteuert wird. Sicherlich wird auch der eine oder andere wieder in die Situation seiner Geburt versetzt, wenn er damals schon Schwierigkeiten hatte, die ihn bis heute belasten. Aber es muß nicht sein. Vielleicht erkennt ihr Bestandteile des heutigen Lebens, oder auch solche aus früheren Leben, die euch Schwierigkeiten machen.
Ich betrachte es als sanfte Möglichkeit, dem Men-

schen die Angst vor dem schon einmal Erlebten zu nehmen. Ihr lernt, daß alles zu ertragen ist und man vor nichts Angst haben muß. Alles gehört zum Irdischen und kann aufgelöst werden.
Für viele Menschen gibt es noch andere Methoden, zur Ruhe zu kommen und in die Stille zu gehen, damit sich die Seele ihrer Aufgabe zuwenden kann.
Hier sollte man die künstlerischen Aspekte des Menschen nicht vergessen, die vielleicht schon aus alter Zeit stammen und ihm heute dazu dienen, sein Karma auf eine sehr schöne und interessante Art abzutragen bzw. an einer Erlösung mitzuwirken. Es wäre falsch, dies alles als Therapie zu bezeichnen; es sind einfach Fähigkeiten, die euch nicht manipulieren, sondern euch positiv unterstützen. Wenn ihr mit Farben arbeitet, könnt ihr sehr vieles erreichen. Farben stimulieren, sie lösen Blockaden und bringen Lebensfreude. Die Wahl der Farben, mit denen ihr euch umgebt, in die ihr euch kleidet, die ihr schlichtweg bevorzugt, sagen viel über euren Zustand aus. Gerade die Aura lebt von Farben. Sie läßt euch auf euer Umfeld reagieren. Auch beim Malen lassen die Farben und Muster euren Zustand erkennen. Gesang und Tanz sind sehr wichtige Faktoren für den gesunden Ausgleich. Es muß nicht immer extrem künstlerisch sein, was ihr vollbringt. Es muß euch guttun und angestaute Energien lösen. Wenn es dann noch künstlerisch wirkt - umso besser. Aber wichtig ist die Arbeit, die damit getan wird, das solltet ihr nie vergessen. Diese Dinge sind sehr schön in Gruppen zu erleben. Ihr fühlt euch von anderen mitgerissen und werdet von der Energie erfaßt, die sich dadurch löst und schwingt.
Es ist euch so vieles gegeben, was euch eurem Inneren wieder näherbringt.
Wichtig ist, daß auch Kranke und Behinderte in diese Dinge einbezogen werden. Wir sehen leider immer

wieder, daß man alle diese Chancen nur den Gesunden bietet. Würde manch einer von euch, der sich entwickelt hat, den Mut aufbringen, dies alles den Kranken zu bieten, hätte er eine wundervolle Aufgabe. Sie stehen in dieser Hinsicht oft am Rande der Gesellschaft und werden lediglich medizinisch betreut. Ihre Seele verkümmert mehr und mehr.

In diesem Zusammenhang möchte ich noch kurz auf die Arbeit mit Edelsteinen und Aura-Soma eingehen. Steine und Kräuter wurden der Menschheit seit Anbeginn ihrer Existenz von der Natur zur Verfügung gestellt, um sie im Sinne der Gesundheit zu nutzen. Das hat lange Zeit ganz gut funktioniert. Doch durch eure moderne Medizin wurde auch dieses verdrängt. Langsam erwacht jedoch in den Menschen wieder die alte Beziehung zu diesen Dingen. Oft steht am Anfang der Satz: „Es kann ja nicht schaden, versuchen wir es mal." Darüber sind wir schon mehr als erfreut. Dann ist der Grundstein gelegt.
Natürlich verlangen alle diese Dinge die richtige Einstellung, viel Pflege und liebevolle Handhabung. Ein Edelstein, vor allem, wenn er roh und unbehandelt ist, hat ein Innenleben genau wie ihr selbst. Auch er will gereinigt und gelegentlich in Ruhe gelassen werden. Auch ihr müßt euch ausruhen, wenn eure Energie verbraucht ist. So ist auch ein Edelstein als Energieträger nicht als tote Materie, sondern als Lebewesen zu behandeln. Er braucht, wie schon erwähnt, regelmäßige Reinigung, viel Ruhe und gelegentlich auch das Licht der Sonne. Gerade die Steine, die zur Chakrabearbeitung genutzt werden, sollten sehr sorgfältig in euren Lebensplan integriert werden. Bedenkt immer, daß sie im Grunde genommen gemeinsam mit euch arbeiten. Deshalb rate ich euch, diese Steine gelegentlich vor einer Meditation zu reinigen und sie dann während

der Meditation aufzuladen. Ihr könnt sie in einem Umkreis von etwa fünfzig Zentimetern um euch herum auf dem Boden verteilen. Dann erhalten sie automatisch neue Energie.
Allerdings solltet ihr euch anhand der vorhandenen Literatur mit dem Wesen der Steine sehr genau beschäftigen, bevor ihr damit beginnt, an euch oder gar an anderen Menschen herumzuexperimentieren.
Jeder Körper reagiert anders auf diese Energien. Ihre Wirkung fließt gleichzeitig in den physischen und in die feinstofflichen Körper ein und setzt dort Mechanismen in Gang. Ihr dürft nicht vergessen, daß ihr alle schon Inkarnationen durchlebt habt, in denen ihr sehr gut mit diesen Energien umgehen konntet. Diese alten Programme werden natürlich wiederbelebt, bringen einerseits alte Erinnerungen und Fähigkeiten an den Tag, andererseits können aber auch alte Wunden oder Erinnerungen an den Mißbrauch dieser Mächte wach werden. All dies hinterläßt seine Wirkung. Deshalb dürft ihr nicht bei allen Menschen von denselben Voraussetzungen ausgehen. Ihr seid immer wieder versucht anzunehmen, daß alles bei jedem Menschen gleich wirkt. Das ist nicht der Fall. Jeder Mensch hat andere Erinnerungen und Erfahrungen gesammelt und verarbeitet sie entsprechend. Wenn ihr deshalb einen Stein sehr mögt und mit ihm sehr gute Erfahrungen macht, kann ein anderer ihn ohne weiteres ablehnen, seine Wirkung belächeln oder sogar beim Umgang mit ihm Unbehagen empfinden. Dann versucht nicht, den anderen von etwas zu überzeugen, das euch sowieso nicht gelingt. Er muß seinen Weg gehen und zu diesen Dingen zurückfinden, auch wenn ihr ihm dabei nicht helfen könnt.

Edelsteine haben ihre Wirkung, dies steht fest. Allerdings gibt es keine schlechten Steine, oder Steine, wie ihr es manchmal nennt, die „schlechte Energie getankt haben. Der Stein selbst wehrt sich gegen schlechte Energie. Er kann nur abgeben, nicht vom Menschen aufnehmen." Auch das ist ein Irrtum. Manchmal hört man die Worte, Steine oder auch Schmuckstücke, die man geerbt hat oder geschenkt bekam, könnten die schlechte Energie des früheren Besitzers übertragen. Das ist nicht richtig. Die Stücke sollen zwar gereinigt werden, um sie von Schmutz und von der Berührung vieler Hände zu befreien, ihre Energie nehmen sie jedoch nur in der Ruhe auf, und zwar ohne Berührung. Sie nehmen die Energie aus dem Kosmos und aus der Erde auf. Deshalb ist es gut, sie im Freien oder in der Erde ruhen zu lassen, damit sie sich dort wieder mit der Natur verbinden können. Was ihr als „schlechte Wirkung" bezeichnet, sind immer die Aspekte, die die Steine bei euch hervorrufen, durch das Tragen, die Farbe oder die alten Erinnerungen, die damit zusammenhängen. Also auch hier erkennt ihr den Zusammenhang zwischen den Steinen und dem Karma. Ein Stein nimmt nichts von euch an. Dazu ruht er in sich selbst zu sehr und ist zu rein. Er hat eure Hilfe nicht nötig. Es ist wie immer in der Natur: Die Natur braucht den Menschen nicht, aber der Mensch braucht die Natur. Wenn es ihr zuviel wird, wehrt sie sich. So auch der Stein. Wenn ihr ihm zuviel zumutet, verliert er seine Wirkung.

Und hier kann man sehr schön überleiten zu Aura-Soma.
Die Flaschen sind wunderbare Meßpegel der Energie, die ihr in euch tragt. Hier muß man erwähnen, daß auch hier die Bestandteile der Steine mit dazu beitragen, daß sich die Flasche irgendwann wieder klar und rein zeigt, wenn es angebracht ist. Hier hat die geistige Welt sehr stark mitgewirkt, um euch ein Hilfsmittel

an die Hand zu geben, das euch euren Seelenzustand zum jeweiligen Zeitpunkt zeigt, ob ihr wollt oder nicht. Viele Meister der Weißen Bruderschaft haben sich darum bemüht, ihr Scherflein dazu beizutragen. Es ist uns gut gelungen. Durch die Anwendung der Essenzen werden, wie bei den Edelsteinen, die einzelnen Körper bearbeitet und positiv mit Energie versorgt.

Ihr solltet allerdings darauf achten, daß ihr euch von jemandem beraten laßt, zu dem ihr Vertrauen empfinden könnt. Es geht nicht um die Anzahl der Flaschen, die ihr benutzt, sondern um die richtigen Flaschen. Dabei kann es sich um eine einzige handeln. Zuviel des Guten war schon immer ungesund. Bei der späteren Anwendung solltet ihr nach eurem Gefühl vorgehen und die Essenz auswählen, die euch anspricht.

Belassen wir es nun bei den erwähnten Methoden, die euch helfen können, eure Karmaerlösung positiv zu gestalten, damit ihr schnellstmöglich zur Erfüllung eures Lebensplanes und zur Erreichung des Zieles kommt. Sicherlich gibt es noch vieles mehr, aber die Methoden sind zu verschieden, um sie hier alle anzusprechen. Jeder, der sich auf die Suche macht, wird das für ihn Richtige finden. Wichtig sind der Wille und das Vertrauen. Viele Menschen haben es sich zur Aufgabe gemacht, euch Literatur zur Verfügung zu stellen, damit euch die Wahl der geeigneten Methode leichter fällt. Vertraut dabei auf die innere Stimme.

NACHWORT VON EL MORYA

Liebe Leserinnen und Leser,

es ist der Wunsch der gesamten geistigen Hierarchie, daß der Inhalt dieses Buches, sollte er auch Kritik hervorgerufen haben, im Herzen all derer, die sich zur geistigen Bewußtseinsarbeit bekennen, und all derer, in denen vielleicht ein kleiner Funke entfacht wurde, dazu beigetragen hat, das, was Körper, Geist und Seele des Menschen bewegt - nämlich die allumfassende Liebe - ein wenig verständlicher zu machen. Der Weg zur allumfassenden Liebe ist übersät mit Steinen und Gestrüpp. Aber all diese Hindernisse hat die Menschheit selbst errichtet. Niemand anders kann dafür verantwortlich gemacht werden. In diesem Sinne ist es die Aufgabe und das Erbe eines jeden Wesens, dazu beizutragen, den Weg zum höchsten Gut allen Seins, zur reinen Liebe, zu ebnen und von allem zu befreien, was Angst, Schmerz, Emotion und Krankheit verursacht. Die Hilfe, die ihr von uns allen erhaltet, basiert auf dieser reinen Liebe. Wir lieben euch ohne Wertung, ohne Emotion und ohne Bedingung. Das ist für uns die Voraussetzung, um euren Plan lenken zu können, denn wären wir nicht frei von dem, was euch belastet, müßten wir wieder herabsteigen ins Irdische, um auch uns zu vervollkommnen. So bitten wir euch von ganzem Herzen, unser Sein so zu akzeptieren, wie es der göttliche Plan vorsieht.
Auch wenn ihr oftmals glaubt, unsere Hilfe wäre zurückhaltend, oder wir würden euch Worte und Taten vorenthalten, die euch dienlich wären, so wandelt ihr nur in eurem Plan, den eure Seele sich gestaltete. Laßt mich sagen, stellvertretend für alle anderen, daß es uns oftmals schmerzt, wenn wir euch nicht erreichen, weil euer Verstand sich zwischen uns schiebt wie eine Wand aus Trotz und Hilflosigkeit. Ihr könnt euch unterhalten, ihr könnt euch gegenseitig wahrnehmen, ihr könnt euch besu-

chen, verlassen, wiederfinden, aber wir haben nur eines - die Liebe als Impuls. Nur wenn eure Herzen offen sind für diese Liebe, ist unser Kontakt gegeben, aber dann ist es uns möglich, euch zu berühren, und sei es nur im Innersten, der Seele. Die Umarmung der Seele läßt alle Schranken fallen, sie ist rein und ohne Fälschung. Aber für diese Umarmung braucht ihr keine Arme, sondern eine Seele, die tolerant ist, die nicht wertet, die verzeihen kann, die sich selbst und andere im Spiegel der Wahrheit betrachten kann, ohne zu verzweifeln.

In unseren Sphären sind viele Plätze zu vergeben. Dankbar nehmen wir jeden auf, der seinen irdischen Weg erfolgreich abgeschlossen hat. Aber eines müßt ihr wissen: Auch hier gibt es kein Ausruhen. Wir alle, ob im Irdischen oder im Geistigen, dürfen nicht innehalten, bis die letzte Seele ihren Heimgang erfolgreich angetreten hat. So wißt ihr, was zu tun ist. Jeder einzelne von euch sollte darauf bedacht sein, sein Scherflein dazu beizutragen, daß alle eines Tages vereint am Ziel angelangt sind. Gesegnet seid ihr alle auf eurem Weg nach Hause.

Gott zum Gruße!

EL MORYA

ÜBER DEN AUFGESTIEGENEN MEISTER EL MORYA

EL MORYA ist ein Aufgestiegener Meister der Weißen Bruderschaft und gleichzeitig ihr Lenker. Er ist der Cohan des Ersten Strahles, der den Willen Gottes repräsentiert.
Unterstützt wird er in seiner Arbeit durch Elohim Herkules, der auch sein Lehrer war, und Erzengel Michael. Wie alle Meister der Weißen Bruderschaft wurde er auch von Maha Cohan unterrichtet.

Aus vielen Überlieferungen und Schriften sind uns bislang folgende Inkarnationen bekannt:
König Arthur, der Ritter der Tafelrunde im fünften und sechsten Jahrhundert; König Melchior, einer der drei Weisen aus dem Morgenland, die bereits damals Gelehrte auf dem Gebiet der Weissagung und Astrologie waren. Freiwillig verzichtete er damals auf seinen Aufstieg, da er den Kontakt zum Irdischen behalten wollte, um später die Theosophie mit zu begründen.

Zur Zeit der Kreuzzüge war er als Führer sehr aktiv. Wie er Claire Avalon berichtete, wurde er in diesem Zusammenhang im Jahre 1314 als letzter Großmeister der Templer auf dem Scheiterhaufen in Paris verbrannt. Sein Name war Jacques de Molay.
Um 1500 lebte er dann als Sir Thomas More in England als Verfasser von *Morus Utopia*. Mehrere Herrscherinkarnationen werden ihm zugeordnet, u.a. König Rajput von Indien, und es wird berichtet, daß er damals seinen Körper 325 Jahre beibehalten haben soll, bevor er angeblich um 1888 seinen Aufstieg vollzog.

Zusammen mit Kuthumi und Djwal Khul brachte er die Theosophie auf die Erde. Gemeinsam mit Schülern wie Helena Blavatsky und Alice A. Bailey versuchten sie seinerzeit, den Menschen die Hintergründe der irdischen Existenz und die Arbeit der Geistigen Hierarchie nahezubringen, wie sie es auch heute noch tun. Ihre Arbeit ist unermüdlich und losgelöst von Zeit und Raum.

EL MORYA residiert in seinem Tempel des Willens Gottes in Darjeeling, wo er im feinstofflichen Bereich seine Schulung allen Regierungsvertretern der Erde und seinen direkten Schülern erweist. Viele Lichtarbeiter, die freiwillig auf die Erde zurückgekehrt sind, um der Menschheit den Eintritt ins Goldene Zeitalter zu erleichtern, stehen unter seiner Leitung und Obhut, genau wie alle anderen Schüler den anderen Meistern auch.
Er wird in Darjeeling in direkter Weise von verschiedenen anderen Mitgliedern der Geistigen Hierarchie unterstützt, so Mutter Maria, St. Germain, Kuthumi und Jesus Sananda. Das direkte Ziel ist die Ausführung des Willens Gottes, wobei es nur darauf ankommt, den korrekten Weg zur Vollkommenheit einzuschlagen, ohne das Ergebnis zu hinterfragen, denn dieses wird nur von Gott bewertet.

Beschrieben wird er allgemein als eine etwa 2,20 m große Erscheinung, mit dunkelbraunem Haar und dunkelbraunen durchdringenden Augen, wodurch er vielen Schülern als außerordentlich streng erscheint. Seine Erkennungsmelodie ist *Pomp and Circumstances* von Sir Elgar. Seine Flammenfarbe ist Königsblau mit kristallweißer Strahlung.

Claire Avalon

Die zwölf göttlichen Strahlen und die Priester aus Atlantis

384 S., geb., ISBN 3-93425412-8

Dieses umfangreiche, ausschließlich gechannelte Werk enthält hochinteressante Informationen über das Wirken der zwölf göttlichen Strahlen und macht uns mit dem neuen und doch alten Basiswissen aus Atlantis vertraut, das uns bisher nicht zur Verfügung stand.
Wir lernen 84 atlantische Priester und Priesterinnen kennen, die von EL MORYA vorgestellt werden und dann selbst zu ihren speziellen Aufgaben sprechen.
Ein wichtiges Buch, das auch viele Therapeuten, Heilpraktiker und Helfer der Menschheit erreichen möchte.

Claire Avalon

Wesen und Wirken der Weißen Bruderschaft

ISBN 3-926374-90-X

*"Wie wir wurden, was wir sind –
Und wie wir werden dürfen, um zu sein."*
Die Autorin vermittelt in einfacher und klarer Sprache den Aufbau der Großen Weißen Bruderschaft, einer rein geistigen Hierarchie für unsere Erde, und geht dabei weit zurück bis zu den Ursprüngen unseres Seins.
Außerdem weisen die Aufgestiegenen Meister und Weltenlehrer, wie Jesus, Helios, Kuthumi, Maha Cohan, Maitreya, Sanat Kumara, anhand gechannelter Texte den Weg zurück ins Licht.

Ines Witte-Henriksen

St. Germain – Die Violette Flamme der Transformation

144 Seiten, broschiert, ISBN 3-934254-58-6

St. Germain führt uns in die Arbeit mit der Violetten Flamme ein, damit wir dieses kraftvolle Instrument der Transformation für uns und andere im Alltag nutzen können.
Hilarion vermittelt Wissen über die grüne Heilflamme. Seine Heilmeditationen im grünen Strahl bestärken uns darin, uns für die eigene Wahrheit zu öffnen und unseren inneren Bildern und Wahrnehmungen zu vertrauen.
Das Innere Kind erfährt Heilung durch das Mitgefühl der Aufgestiegenen Meisterin Kwan Yin und die bedingungslose Liebe der Delfine.
Die Hilfe der Aufgestiegenen Meister wird durch dieses Buch für jeden praktisch erfahrbar.

Barbara Vödisch

Sananda – die Neue Zeit ist jetzt

192 Seiten, Broschiert, ISBN 3-934254-44-6

Sananda (auf Erden als Jesus Christus bekannt) gibt uns hier für diese Zeit großer Turbulenzen und Herausforderungen im Privaten wie im Weltpolitischen wichtige Hinweise, u.a. auch zum 11. September, zu Macht und Machtmißbrauch, zu den Indigo-Kindern sowie zu Ernährung und Krankheit. Er zeigt eindringlich auf, daß wir auf keine bessere Welt in der Zukunft warten sollen, sondern beschreibt, wie wir hier und jetzt wahren Frieden, die Vollendung finden können.
Lebendige, engagierte und mutmachende Worte dieses großen Meisters in einer bedeutenden Zeit mit Segenssprüchen, Gebeten, Meditationen und Affirmationen sowie zahlreichen praktischen Tips.

Ava Minatti

Heilung für das Innere Kind

192 Seiten, broschiert, ISBN 3-934254-37-3

Das heile, Innere Kind ist ein Teil in uns, der voller Lebensfreude, Neugierde, Vertrauen und Liebe ist. Wurde es verletzt, agieren wir nicht mehr frei, sondern reagieren ängstlich, trotzig, wütend oder traurig. So finden sich in diesem Buch zahlreiche Botschaften, Anregungen und Übungen aus der geistigen Welt, wie Sie sich von der Identifikation mit Ihren schmerzhaften Erfahrungen lösen und sich auf Ihr heiles Inneres Kindsein einlassen können.

Julia V. Alefelder

Das alte Wissen der Kristalle Die Brücke zu 55 Edelsteinen

164 Seiten, broschiert, ISBN 3-934254-59-4

Für Julia V. Alefelder sind Kristalle eine Brücke zur geistigen Welt, über die sie Botschaften unserer Brüder und Schwestern von der „anderen" Seite des Vorhangs erhält.
Und so ist aus ihrer innigen Liebe zu den Kristallen ein sehr berührendes Buch mit tiefen Weisheiten und Wahrheiten entstanden, denen sich niemand entziehen kann.
Der Weg über die Regenbogenbrücke ins Licht ist immer offen. Es liegt nur an uns, ob wir ihn beschreiten möchten.